VOLLEYBALL
SETTER

順天堂大学男子バレーボール部元監督
蔦宗 浩二 著

バレーボール セッター 上達バイブル

「連係力」を高める 実践ポイント50

メイツ出版

セッターはコートの司令塔
トスワークでチームを勝利へ導こう

トスを上げてスパイカーにボールを供給するセッターは、必ずボールが経由するポジションです。攻撃のタクトを振るうゲームメーカーであり、チームの良し悪しはセッターによって決まるといっても過言ではありません。数々の技術・戦術をマスターし、トップレベルの司令塔へと成長しましょう！

攻撃
OFFENSE

トスアップ技術を身につけ精密にコントロール

セッターの主な役割はスパイカーへのトス。ボールを上げるプレーを「トスアップ」といい、あらゆる方向へさまざまな高さ・スピードで上げられる技術が必要不可欠。多くのテクニックをマスターすることができれば、クイック攻撃やバックアタック、時間差移動攻撃などを織り交ぜて相手ブロックをかく乱できる。

ブロッカーとしてもプレー
高い守備意識でチームに貢献

セッターといえど守備の場面では、ブロッカーの一員として壁を形成する。ブロック技術の習得を怠ると、守備の穴となってしまう。逆に守備の意識が高いセッターは、チームに欠かせない存在となる。バレーボールは「つなぐ」スポーツである前提を忘れず、攻守にわたって貢献できるセッターへと成長しよう。

広い視野を持ち
相手と駆け引きする頭脳

チームの司令塔として試合の流れを読み、最適な攻撃を選択する頭脳もセッターに欠かせない要素だ。相手コートまで視野を広げ、敵陣のブロックの動きやセッターの狙いなどを見極め、駆け引きで勝負を優位に進める。また、自チームメンバーのコンディションを把握するコミュニケーション能力も、優れたトスワークに必須の要素。

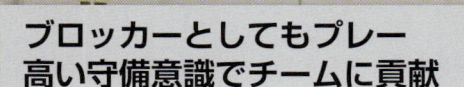

この本の使い方

この本では、バレーボールのセッターポジションで上達するためのコツを50紹介しています。セッターの役割のなかでも特に重視されるトスの技術にはじまり、さまざまな攻撃パターンの構築、さらにブロックやツーアタックといったテクニックまで一通り網羅しています。また、セッター向けのレベルアップトレーニングも紹介しています。

最初から読み進めることが理想ですが、特に自分が知りたい、苦手だから克服したいという項目があれば、そこだけピックアップしてマスターすることも可能です。

各ページには、紹介しているコツをマスターするために必要なPOINTが挙げられています。みなさんの理解を深めるための助けにしてください。

さらに、巻末にはゲームメイクに必要な思考能力と戦術についてのパートを設けています。トスワークの参考にすることで、司令塔としての成長につながります。

メインタイトル

このページでマスターするコツと、テクニックの名前などが一目でわかるようになっている。

コツ 04

スパイクが打ちやすい正確なトス

両手で弾くようにボールをコントロールする

連係力 UP POINT

① とらえるのは額の上
② 両手を丸くして包むように
③ 手首はまっすぐにする

スムーズな攻撃につながる精密なトスができる

トスアップ（トスを上げるプレー）はオーバーハンドパスで行うことが基本だ。両手のひらでボールをとらえられるため安定感が高い。精密にコントロールできる技術がセッターには必要不可欠となる。

ポイントは額の上でボールを包むイメージでとらえ、ボールを弾くように動作すること。手首のスナップの力だけでは不十分

20

解説文

コツと関係する知識を解説している。じっくり読んで理解を深めよう。

POINT

メインタイトルおよび連係力UP POINTに連動して、テクニックをマスターするためのポイントを紹介している。

POINT 1 額の上でボールをとらえる

トスアップでは落下してくるボールを、額の上でとらえる。両手を顔の前で構えておき、タイミングを合わせてボールを弾いてコントロールする。このとき、ヒザを柔軟にすると、全身を使ったトスアップが可能になるのでフォームを意識しよう。

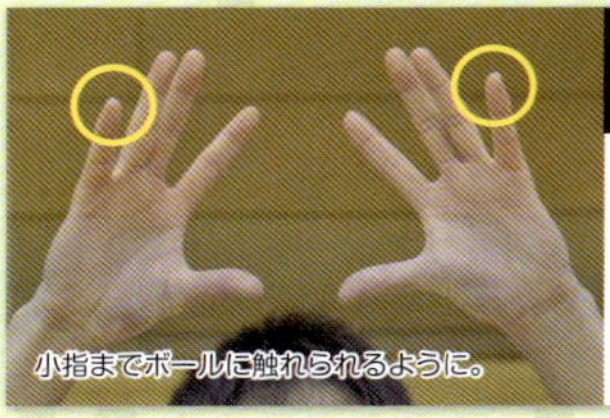

POINT 2 指を広げて包むようにとらえる

手とボールの接地面を大きくすることが、正確なトスアップにつながる。ボールがすっぽりと両手の中におさまるように、指を広げて丸く構えることが重要だ。両手で半球形を作るようにイメージして取り組もう。とらえる際に、小指までボールに触れられると良い。

POINT 3 手首を曲げるとバネを使えない

構えの姿勢では、手首をまっすぐにするのが正しいフォーム。曲げてしまうとバネを使うことができず、ボールを飛ばせなくなるので注意しよう。手首は自然体にして、ヒジとヒザを軽く曲げつつ下半身も使ってボールに力を与えることがトスアップの基本となる。

プラス1 セッターテク

ヒジを外側に張りすぎないように注意

ヒジを90度を目安に曲げることがトスアップのフォームのセオリーだが、外側に張りすぎないように注意する必要がある。トスアップはネットのすぐそばで行うプレーであり、横幅が広がるとそれだけネットタッチをするリスクが高まるので、なるべくコンパクトな動作を心がける。

ることで、イメージ通りにコントロールできる。とっさの場面でも素早く落下点に入って構えられるようになれば、試合でのトスアップの安定感がアップする。

21

プラス1セッターテク

セッターとして成長するための詳しい知識や、動作の細かな方法をアドバイスする。

連係力UP POINT

コツをマスターするためのポイントを紹介している。練習に取り組む際には、常に意識しよう。

目次

※本書は2021年発行の『「連係力」を極める！バレーボール　セッター上達のポイント50　新版』を基に、必要な情報の確認と修正を行い、装丁・書名を変更し、新たに発行したものです。

PART4 セッターに必要な技術・筋力を養う

PART5 思考能力・戦術を高める

コツ01

セッターの重要性を知る

セッターはチームの核となるポジション

トスを上げてスパイカーにボールを供給するセッターは、技術と頭脳でチームの司令塔として、ゲームメイクを担う重要なポジションだ。チームの潜在能力を引き出し、試合をコントロールするために必要な能力とはなにか？　順天堂大学男子バレーボール部監督としてチームを全国屈指の強豪に育て上げ、数多くの名セッターを育成してVリーグに輩出している指導者・蔦宗 浩二が伝授する。

セッターはチームのバレー水準を決定づける存在

バレーボールにおいて、ボールは必ずセッターを経由します。そのためセッターはチームのゲームメーカーであり、バレーの水準を決定づける重要なポジションといえます。セッターがしっかりとしたゲームプランを立て、ゲームメイクができないと試合は成立しないのです。

もちろん、エーススパイカーも得点源として中心となるポジションです。しかし、勝敗の分け目の大きなところにいるのはセッターなのです。

優れたパーソナリティがセッターに不可欠な要素

セッターに必要な能力として、「リーダー性」があります。必ずしもセッターがチームのリーダー、キャプテンである必要はありませんが、攻撃を司るコントロールタワーとしてプレーするわけですから、チームをきちっとコントロールできるリーダー性は欠かせない要素なのです。

監督との信頼関係を保てる人間性も大切です。結局のところ、チームを作っているのは監督です。その監督が作り上げたチームをコートで表現する中心にいるのがセッターであり、選手が勝手なことをするようなチームは勝てないでしょう。

バレーボールは非常にスピードが速

チームのコントロールタワーとして、攻撃を司るポジション。
セッターのゲームメイクが勝敗を分ける重要なカギとなる

セッターを務められるのはリーダー性の持ち主

チームをまとめるにはコミュニケーション能力が必須。

く、難しいスポーツです。選手だけで戦って勝てるような甘さはなく、監督の意志をいかに高い精度をもって表現できるかがカギになります。

選手ひとりひとりがハイスピードでプレーしながら、それぞれの役割に合わせて判断し、ひとつの生き物のようにチーム全体が動けてはじめてラリーを制することができます。

そのなかでセッターは、その場その場のプレーばかりでなく、「次はどのように攻めようか」「誰を使って攻撃しようか」など、監督の戦術を汲み取りながらさらに先の展開を思考してチームをコントロールするのです。

信頼できるセッターのトスにスパイカーを力を発揮する

監督ばかりでなく、選手間の信頼感を築けるコミュニケーション能力も不可欠です。どんなに運動神経が良くて、優れた技術を持っていても、信頼できるセッターからのトスでなければスパイカーはハートを持って打ち込んではくれません。逆に信頼感があれば、トスが若干悪いものだったとしても「この選手のトスを打ちたい！決めてあげたい！」と思えるものです。

バレーボールの攻撃というのは、信頼

駆け引き・展開の先読み ゲームを読む頭脳を鍛える

信頼をおけるセッターにこそ、スパイカーは実力を発揮する。

感があって初めて成立するのです。

こうした考えから、私は「好人物である」ことを前提にセッターを選定します。その後の育成としては、足りない部分を探してトレーニングで補うようにすると効率的です。バネがない選手ならバネを鍛え、技術がなければ基礎技術を叩き込むことで、セッタープレーヤーとしての完成度を高めます。映像を見せたり試合観戦をして、バレーのセンスを磨くのも良い方法です。

セッターを育てるということは、チーム全体を育成することにもつながります。セッターが伸びなければ良いトスが上がらないわけで、いかに優秀なスパイカーが育ってもチームは強くならないのです。反対にセッターが上達すれば、スパイカー陣は安定したトスから良いスパイクを打てるようになり、攻撃力が高まります。

広い視野を持って チームの潜在能力を引き出す

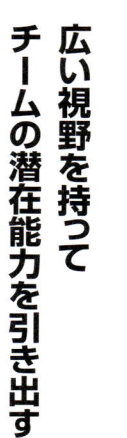

コート全体を広い視野を持って判断し、最適な攻撃を選択する。
20
2

判断や駆け引きなど試合中の思考では、コート上だけではなく広い視野で状況を見られると、コントロールタワーとしてチームの潜在能力を発揮でき、試合を優位に進められます。

その試合がリーグ戦なのか、トーナメント戦なのかで内容は変わってきますし、また相手チームがどの試合からデータを集めているかなどにも目をやれると良いでしょう。

自チームでいえば、ラッキープレーヤーの見極めがポイントのひとつです。ラッキープレーヤーとは調子が良かったり、また相手ブロッカーからのマークが薄い、対面のブロッカーが小さくて上から打ち込めるなど、スパイク決定率が高い選手のことを指します。チームのエーススパイカーはマークにつかれることが多いので、ラッキープレーヤーをうまく使ってエーススパイカーの消耗を抑え、勝負どころで決めさせることができると勢いに乗って試合を進められます。

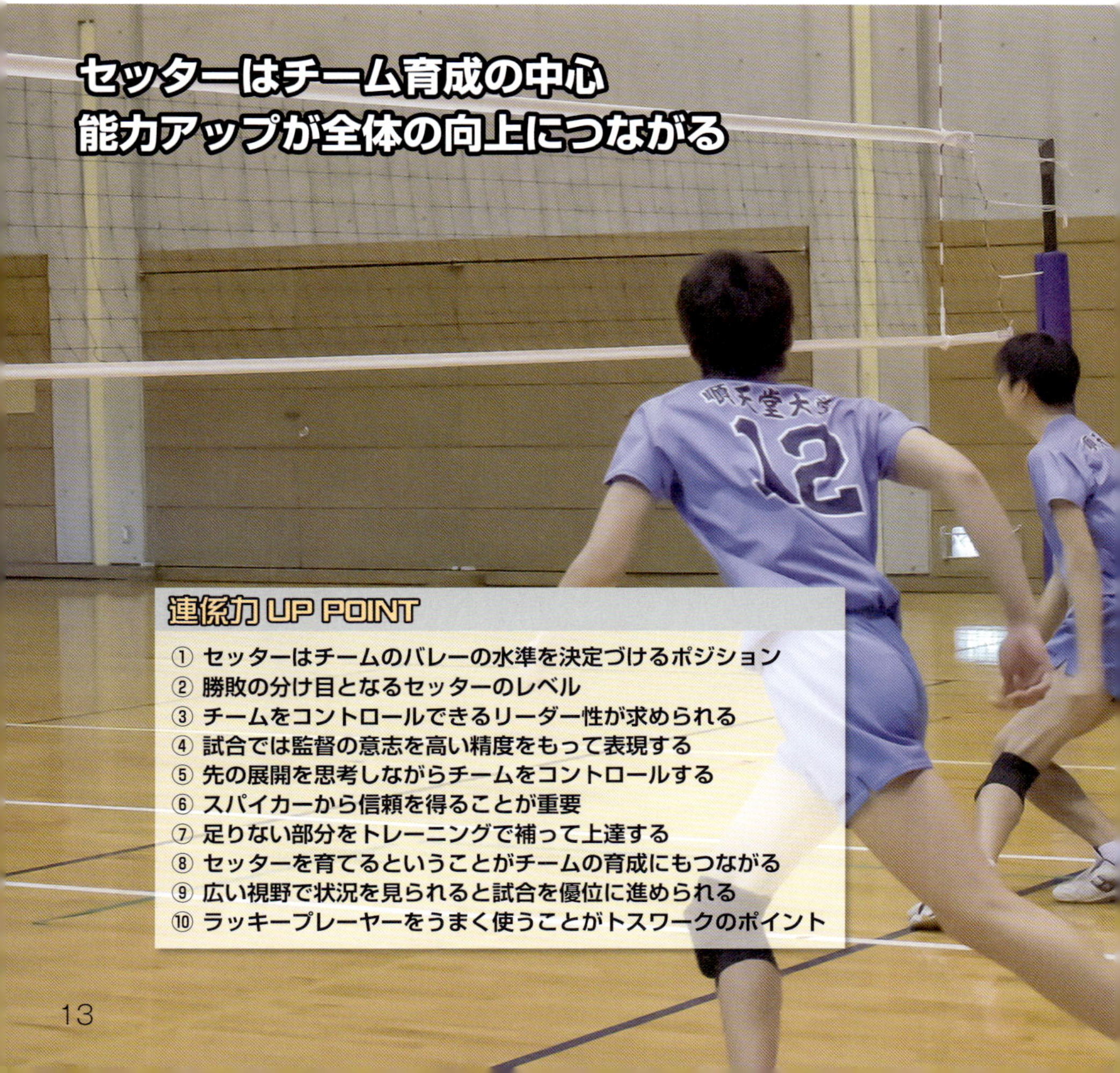

セッターはチーム育成の中心
能力アップが全体の向上につながる

連係力 UP POINT

① セッターはチームのバレーの水準を決定づけるポジション
② 勝敗の分け目となるセッターのレベル
③ チームをコントロールできるリーダー性が求められる
④ 試合では監督の意志を高い精度をもって表現する
⑤ 先の展開を思考しながらチームをコントロールする
⑥ スパイカーから信頼を得ることが重要
⑦ 足りない部分をトレーニングで補って上達する
⑧ セッターを育てるということがチームの育成にもつながる
⑨ 広い視野で状況を見られると試合を優位に進められる
⑩ ラッキープレーヤーをうまく使うことがトスワークのポイント

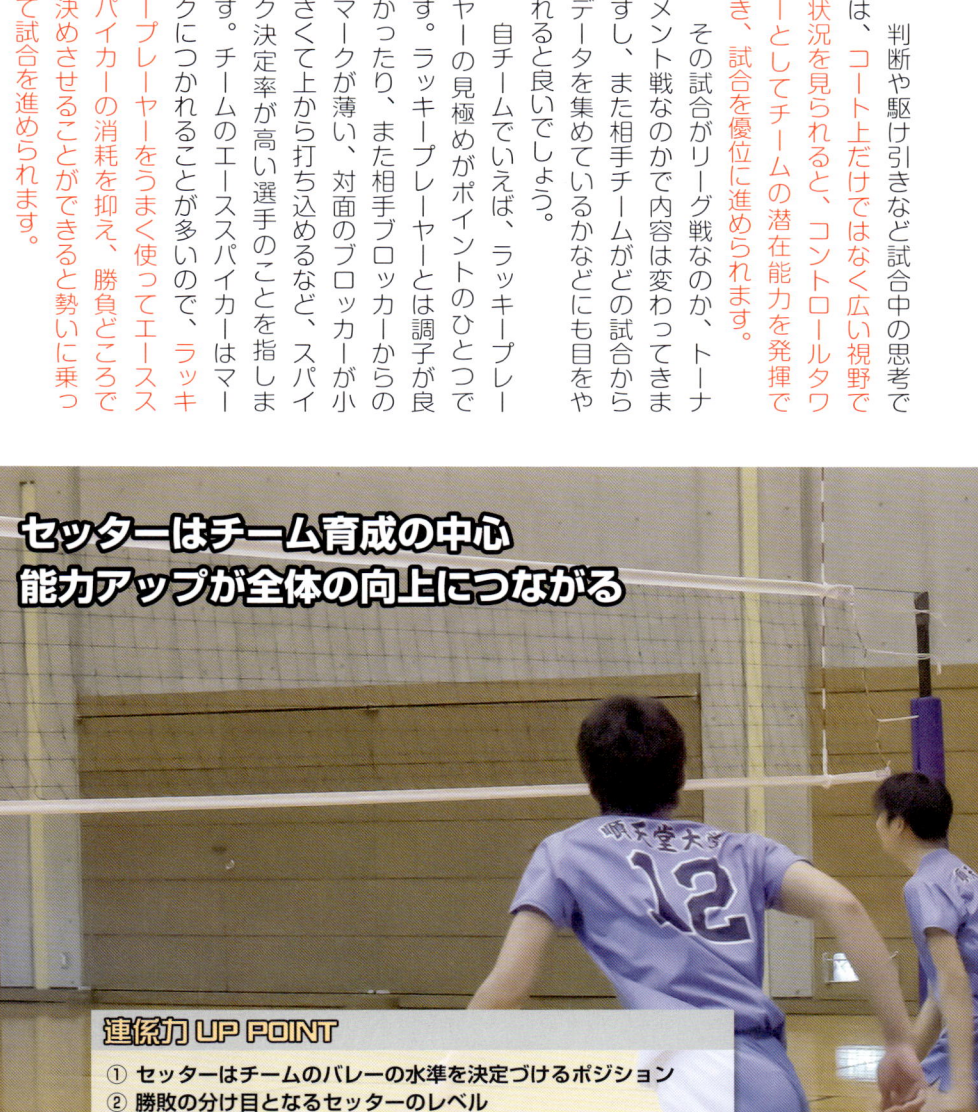

コツ
02

セッターの役割を学ぶ

司令塔としてトスワークを担う

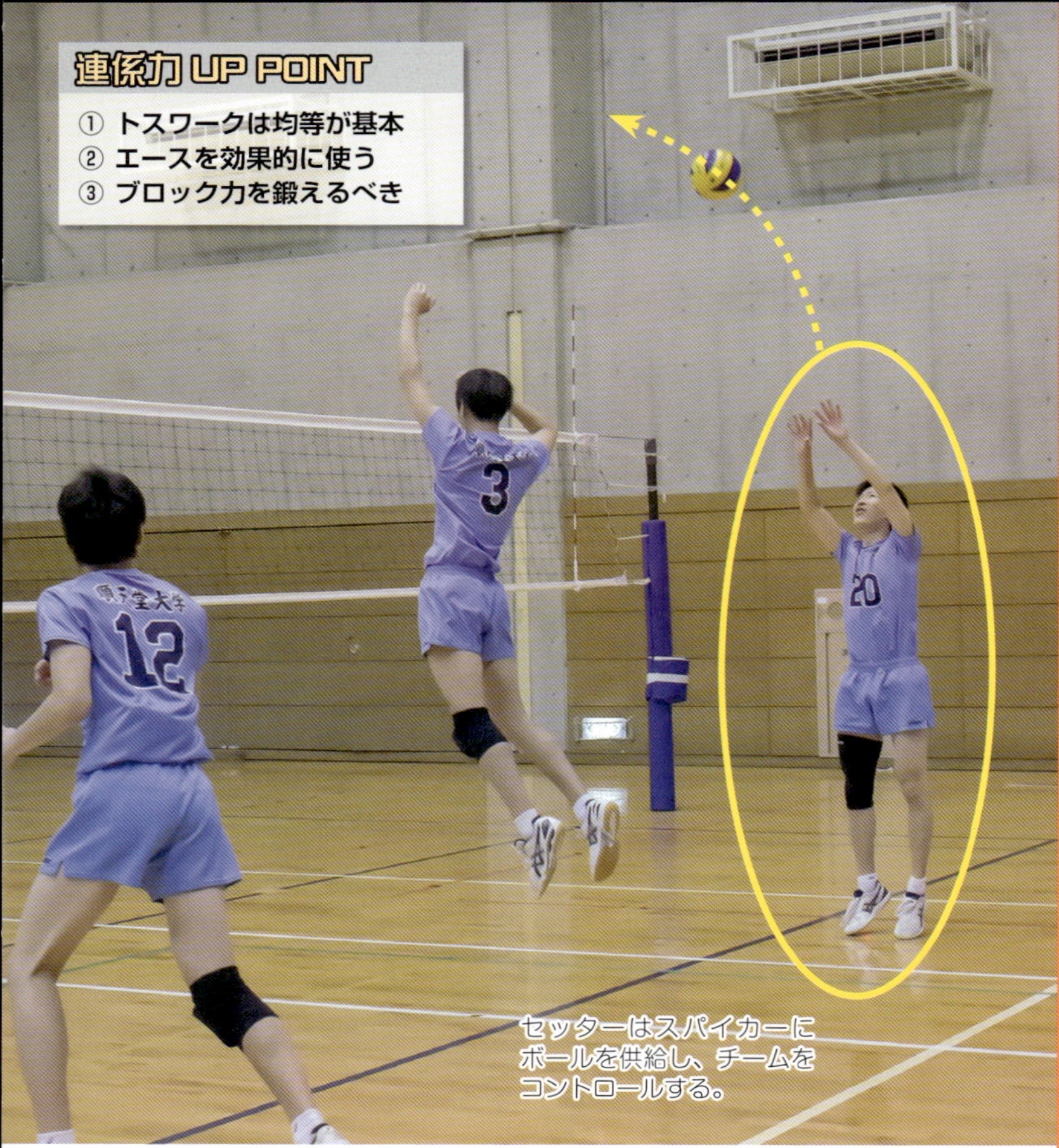

連係力 UP POINT
① トスワークは均等が基本
② エースを効果的に使う
③ ブロック力を鍛えるべき

セッターはスパイカーにボールを供給し、チームをコントロールする。

セッターが担うべき仕事が理解できる

レシーブで上がったボールを、トスでスパイカーに供給するのがセッターの役割。どのスパイカーに、どのようなトスを上げるかがポイントで、トスワークの良し悪しによって攻撃の成功率は大きく変わる。思いつきのトスでは、ブロッカーに読まれてしまうのだ。ブロックを外すさまざまな方法を考えることがセッターが担う重要な仕事であり、醍醐味といえる。

攻撃のキーパーソンとはいえ、守備の場面でもチームに貢献できなければならない。守備をしない・できないセッターは穴となり、相手チームに狙われる。守りが薄くては優れた攻撃ができたとしてもリードを伸ばせないので、最低限の守備能力は備えておく必要がある。

POINT 1 各スパイカーへ均等に上げるのがトスワークの基本

トスワークでは、各スパイカーの打数を均等にすることが基本だ。相手チームにはできる限りどのプレーヤーがエーススパイカーか、悟られないようにすることが大切となる。エーススパイカーを隠して試合を進めれば、負担を均一にできるので余力を持って戦えるのだ。

POINT 2 ここぞの場面でエーススパイカーを使う

さまざまなトスで攻撃することが、相手ブロッカー陣に的を絞らせないための有効な方法。エーススパイカーは相手の守備が固いローテーションや、なんとしても決めたい勝負どころで使うと良い。チームのエースが決めるとコート内の雰囲気が良くなり、流れをつかめる。

POINT 3 壁に穴を空けないブロック力を培う

セッターがブロックできないと、壁に穴ができて狙われる。壁が崩れるとボールを拾うのが難しくなるので、セッターとはいえしっかりと前衛プレーヤーと連携して壁を作れる技術を養うべき。最大の仕事はトスだが、最低限の守備能力は身につけなければ試合に勝てない。

プラス1 セッターテク

相手チームを見てトスを判断する

トスワークでは自チームの調子ばかりでなく、相手チームを見ることが大切。エーススパイカーは誰か、高いブロッカーはいるか、逆に穴はあるかなどを見極められるようになると、そのときのローテーションの配置や状況によって、最も成功率の高い選択肢を選べるようになる。

コツ
03

ゲームメイクできるセッターの適正

信頼を得られる人物がセッターに向く

連係力 UP POINT

① 生活態度で人間性を養う
② チーム内には複数のセッターがいる
③ 大型セッターは魅力的だが絶対ではない
④ 左利きだとツーアタックが強力になる

人間性が最重要で 技術はあとからマスターできる

バレーボールはプレーヤー同士でボールをつなぐスポーツ。信頼関係が結べていてこそ、チームは力を発揮できる。特に必ずボールが経由するセッターは、信頼が得られなければ成り立たないポジションといえる。そのためセッターには優れた人間性が必須で、リーダー性があったり、誠実さや真面目さが求められる。

また、司令塔として常に最善の方法を選べる冷静さや判断力も大切。精神的な安定と成熟がどのポジションよりも必要で、気性が激しかったり根気のない性格では成り立たない。こういったタイプは逆に、スパイカーに向いているといえる。駆け引きなどの頭脳面も重視される部分だが、コート上のプレーはあとからでも身につけることができる。

POINT 1 セッターは生活態度から信頼を得る

人間性・信頼感は、日頃の生活で育まれるものだ。誠実であったり、努力を惜しまなかったり、チームメイトなどのサポートをしたり、リーダーシップをとったり、日常を過ごす姿勢から人間性を養えば、信頼を得てチームの中心に立つセッターへと成長できる。

また、守備の意識を高く持てることも重要な要素。「セッターだから守備はしない」という態度では、現代のバレーボールでは通用しない。相手に守備ができないセッターだと気づかれた時点で、チームの穴になってしまう。レベルが上がるごと、セッターの守備意識・守備能力の必要性は顕著になる。

守備面でも
チームに
貢献する。

POINT 2 1チームに複数人のセッターがセオリー

セッターは重要なポジションなだけに、1チームのなかに何名か用意しておくのがセオリー。1人だけでは、ケガなどがあった際に対応できない。1セッターのフォーメーションなら3人、2セッターなら6人程度はチーム内に置いておきたい。

スターティングメンバーの選定では、最も能力の高いプレーヤーを入れるのが考え方の基本。しかし、重要な大会を先に控えた時期の試合では、将来性を見ることも大切だ。上昇志向があり努力できる、今のところ技術は劣るが高身長で大型セッターの素質がある、など高いレベルを目指すなら先を見据える必要がある。

指導者は総合的に見てセッターを選定する。

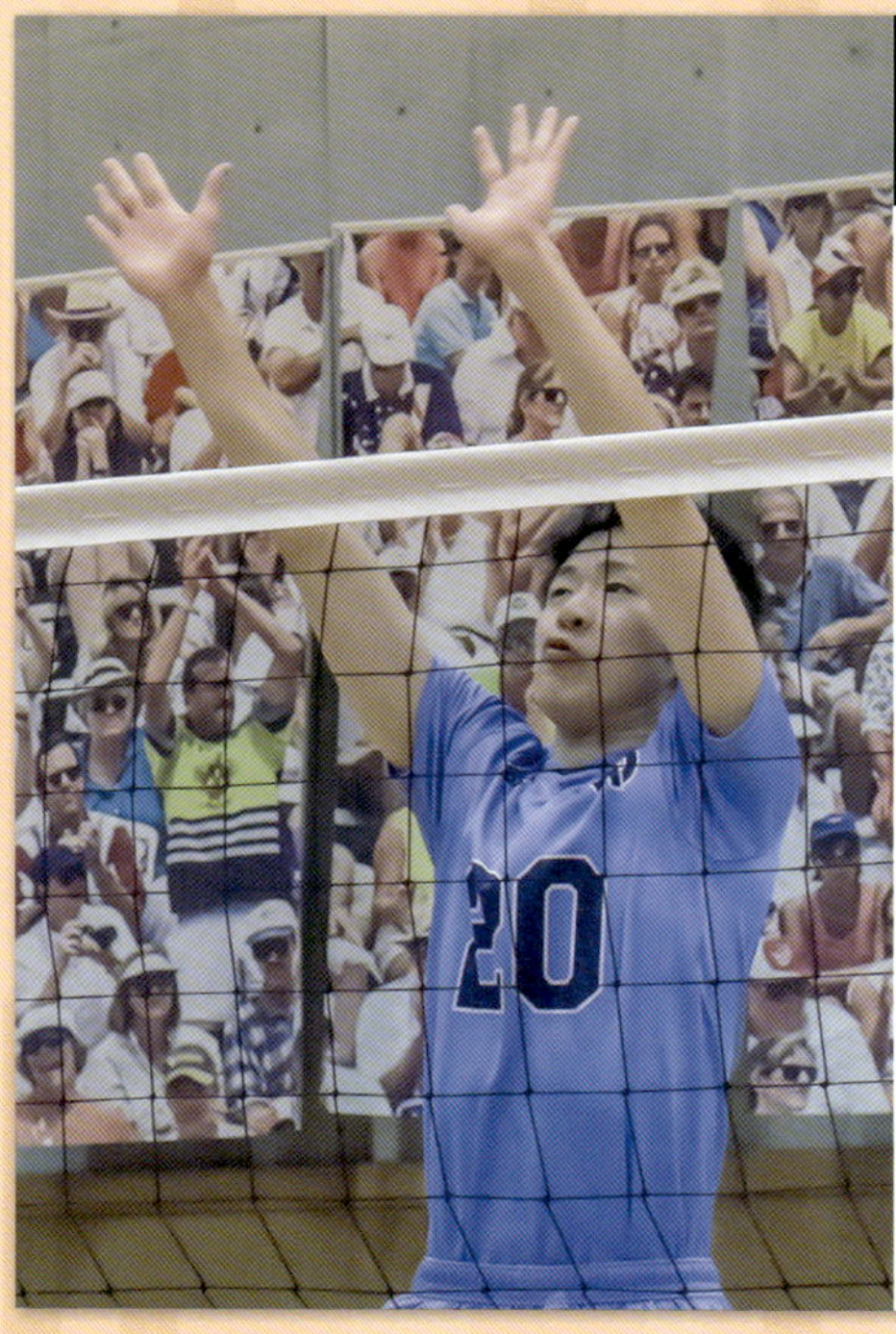

POINT 3 大型であれば有利だが能力バランスも大切

バレーボールは高いネットを挟んで試合を行うスポーツなので、身長が高ければそれだけ有利になる。セッターにおいても高身長なら高い位置からトスアップでき、またブロックでもチームの武器になる。

とはいえ、さまざまな能力が求められるポジションであるため、一概に大型セッターが良いとはいえない。技術面や頭脳面、精神面などが揃っていれば、名セッターになる素質はあるといえる。身長の高さは絶対ではなく、基準のひとつとしてとらえる。

身長が低くとも跳躍力があれば高い壁を形成できる。

POINT 4 左利きのセッターはツーアタックが強力

セッターの直接攻撃として、ツーアタックがある。トスを上げると見せかけてボールを相手コートに落とすことで、不意をついて得点するプレーだ。

このテクニックは左利きのセッターだとより強力になる。右利きはフェイントのような流し込むツーアタックとなるため相手に読まれると拾われてしまうが、左利きならばスパイクを打ち込める。叩き落とすような軌道となるため、レシーブすることが極めて難しい攻撃となり、チームに武器を加えられる。

右利きでもダイレクトなどスパイクを打つ場面がある。

PART 1

トスアップを身につける

コツ
04

両手で弾くようにボールをコントロールする

スパイクが打ちやすい正確なトス

連係力 UP POINT

① とらえるのは額の上
② 両手を丸くして包むように
③ 手首はまっすぐにする

スムーズな攻撃につながる精密なトスができる

トスアップ（トスを上げるプレー）はオーバーハンドパスで行うことが基本だ。両手のひらでボールをとらえられるため安定感が高い。精密にコントロールできる技術がセッターには必要不可欠となる。

ポイントは額の上でボールを包むイメージでとらえ、ボールを弾くように動作すること。手首のスナップの力だけでは不十分なので、ヒザを使ってトスすることが大切だ。下半身を使うことで、より遠くへ精度の高いボールを送れるようになる。

ボールの落下とタイミングを合わせて構えをとり、準備が整っている状態でトスすることで、イメージ通りにコントロールできる。とっさの場面でも素早く落下点に入って構えられるようになれば、試合でのトスアップの安定感がアップする。

POINT 1 額の上でボールをとらえる

トスアップでは落下してくるボールを、額の上でとらえる。両手を顔の前で構えておき、タイミングを合わせてボールを弾いてコントロールする。このとき、ヒザを柔軟にすると、全身を使ったトスアップが可能になるのでフォームを意識しよう。

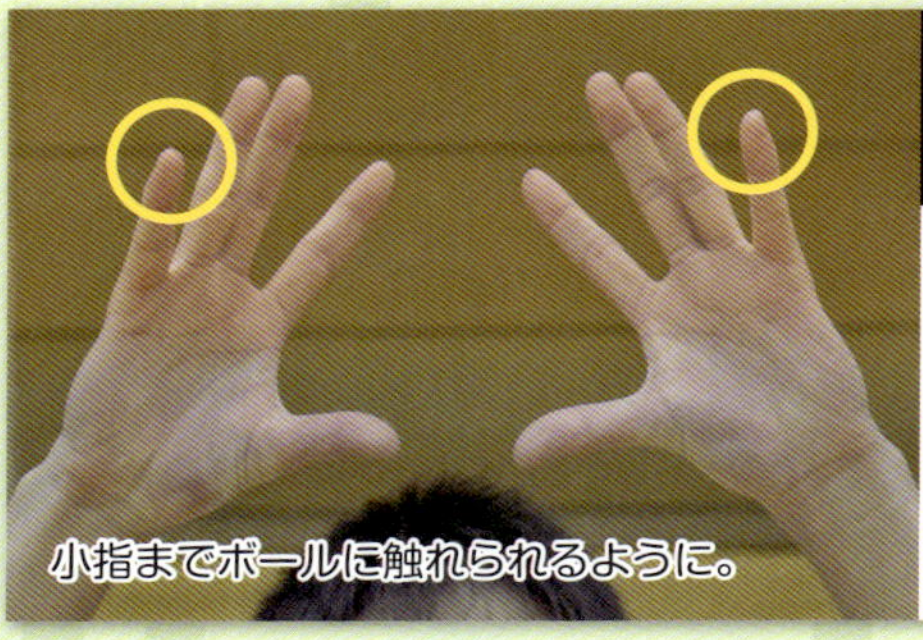

POINT 2 指を広げて包むようにとらえる

手とボールの接地面を大きくすることが、正確なトスアップにつながる。ボールがすっぽりと両手の中におさまるように、指を広げて丸く構えることが重要だ。両手で半球形を作るようにイメージして取り組もう。とらえる際に、小指までボールに触れられると良い。

POINT 3 手首を曲げるとバネを使えない

構えの姿勢では、手首をまっすぐにするのが正しいフォーム。曲げてしまうとバネを使うことができず、ボールを飛ばせなくなるので注意しよう。手首は自然体にして、ヒジとヒザを軽く曲げつつ下半身も使ってボールに力を与えることがトスアップの基本となる。

プラス1 セッターテク

ヒジを外側に張りすぎないように注意

ヒジを90度を目安に曲げることがトスアップのフォームのセオリーだが、外側に張りすぎないように注意する必要がある。トスアップはネットのすぐそばで行うプレーであり、横幅が広がるとそれだけネットタッチをするリスクが高まるので、なるべくコンパクトな動作を心がける。

コツ05

トスアップを行いやすいポジション

中央の位置からトスを上げるのがセオリー

連係力 UP POINT

① 中央からトスアップ
② サーブレシーブの動きをマスター

レシーブが乱れても対応することができる

トスアップをするポジションに適しているのは、ネットから1mほど空けた位置だ。スペースが空いていれば、その位置を目標としてレシーバーがサーブを上げた場面で、コントロールに多少の乱れがあったとしても対応することができる。

ネット際の方がトスに角度をつけなくて良い分、上げやすいと考えがちだが、近すぎると少しサーブレシーブが長くなっただけで相手コートにそのまま返ってしまうおそれがある。それではチャンスボールを相手に与える危険性が高まる。

横軸では、ネットの中央の位置がスタンダードなポジションとされている。左右のスパイカーへの距離が同じなので、どちらにも上げやすいメリットがある。

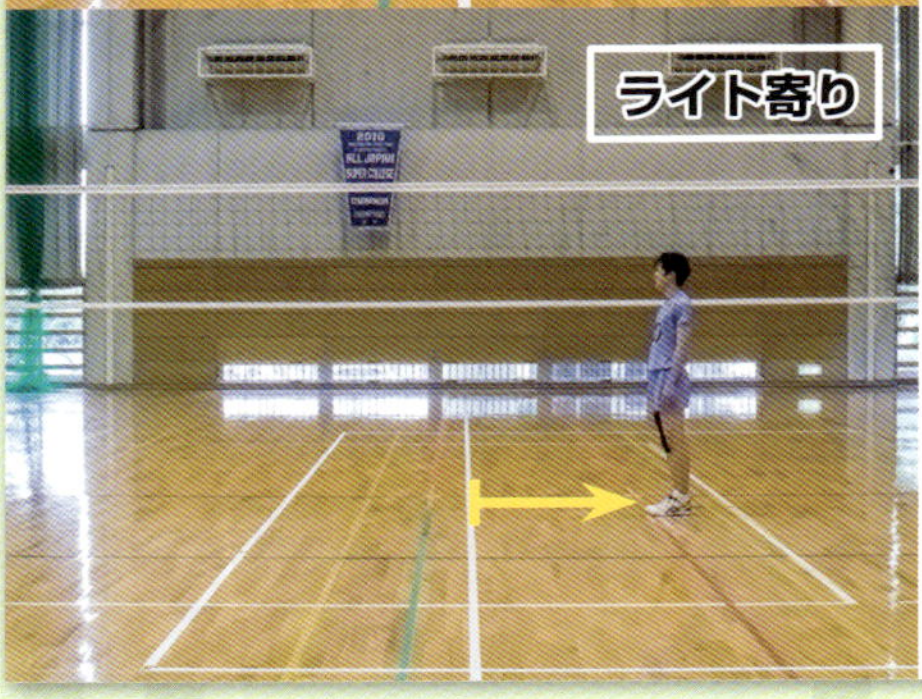

POINT 1 中央からトスアップ ネットと体を直角にする

中央の位置からトスアップをすれば、レフトとライトの距離が均等になる。エーススパイカーが入ることの多いレフトへ、力を入れずともボールを供給できる点でも有効だ。

戦術として、ポジションをライト寄りにする方法もある。ライトへのトスのバリエーションが豊富なチームと相性が良い。まずは中央でコンビネーションを鍛え、チームの成長に合わせてセッターの位置を調整すると良いだろう。なおトスする際には、体の正面とネットを直角にすることがセオリーとなる。

直角の体勢をキープしてトスアップ。

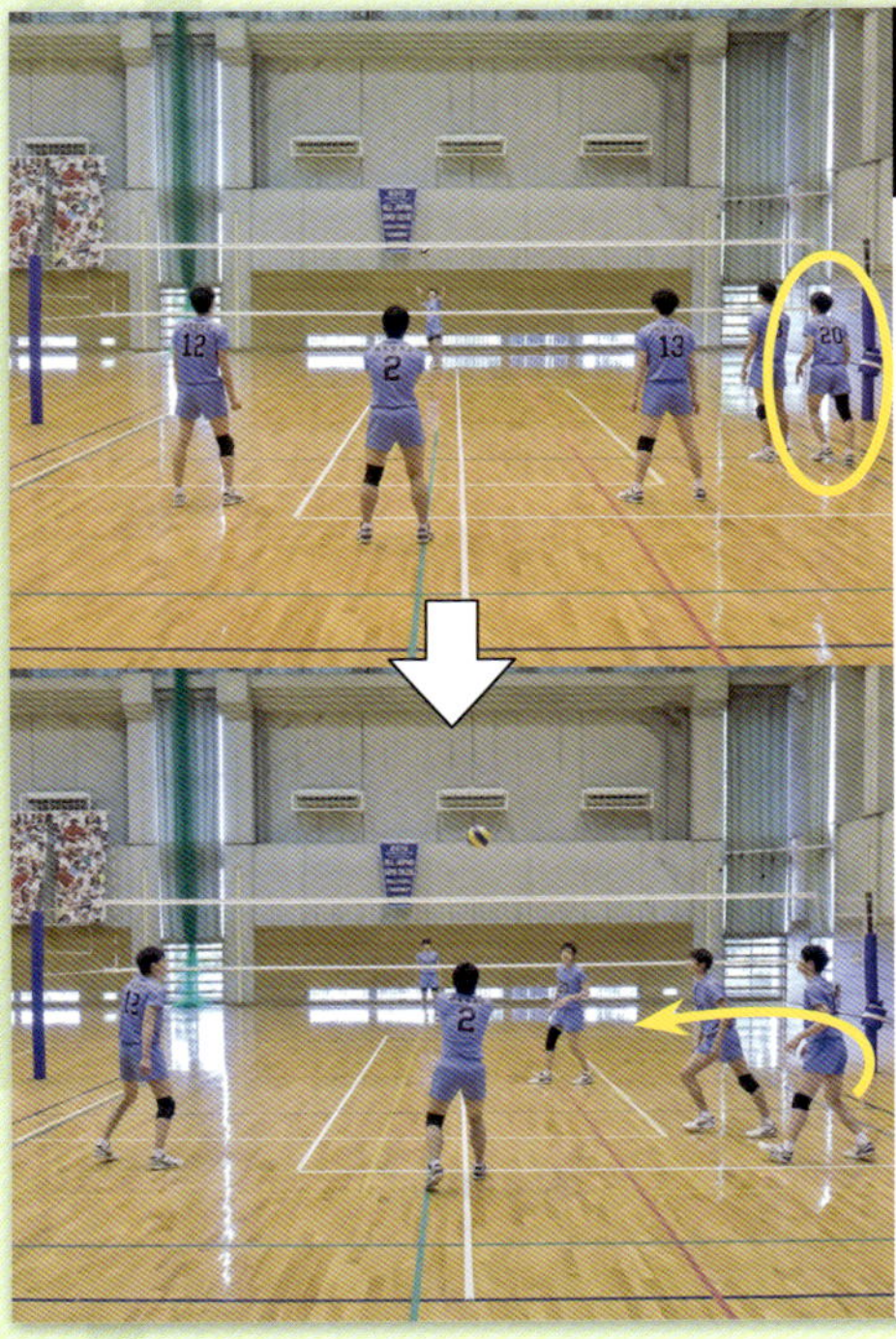

POINT 2 ランニングセッターは外側からポジションに入る

ルール上、相手サーバーがサーブをするまでレシーブ側のチームはローテーション順通りに位置どりしなければならない。そのためセッターが後衛にいるときには、サーブと同時に前衛プレーヤーの後ろからトスアップのポジションに入る。これを「ランニングセッター」といい、行う際には前衛プレーヤーの外側から回り込むことがポイントとなる。

後衛プレーヤーは同サイドの前衛プレーヤーよりサイドライン寄りに位置取りする必要があるので、内側から入るとアウトオブポジションの反則をとられやすい。

素早く正確に動いてトスアップ。

コツ
06

ライト側にコントロールするバックトス

同じフォームで背面にトスアップする

連係力 UP POINT

① 同じ構えでトスアップ
② アゴが上がらないように動作
③ 内側から回ってブロックを見る

レフトと見せかけて ライトで攻められる

ライトへトスを上げる場面では、背面にボールをコントロールするバックトスの技術が求められる。強力なスパイクを持っているレフトプレーヤーに上げると見せかけて、ライトプレーヤーを使って攻撃をしかけるのは、ブロックを外す上で基本となるバリエーションのひとつだ。

ポイントは、前へのトスアップと同じフォームで後ろにコントロールすること。バックトスを相手ブロッカーに見破られると、効果的な攻撃をしかけられない。フロントとバックのトスを、自在に使い分けられるように技術を磨こう。

また、トスを上げたあとに素早く相手ブロックに目を向けることも重要だ。プレーから目を離さず、すぐさまカバーなどに入れるように意識しよう。

POINT 1 前方向へのトスと同じように構える

落下点に入りヒジとヒザを柔軟にして構え、センター、レフト方向に上げるフロントのトスアップと同じように姿勢をとる。これにより、相手ブロッカーをかく乱することができる。バックトスのフォームに癖がつくと、見破られて攻撃を封じられてしまう。

POINT 2 アゴが上がるとブロックされる

ありがちなミスのひとつに、アゴが上がってしまうバックトスがある。後ろへの意識が強すぎたり、ボールの行方を見ようとすることで起きやすく、相手ブロッカーにトスを読まれてしまう。軌道を見破られると、速い攻撃であってもブロックされる危険が高まる。

POINT 3 トスを上げたら内側から回る

バックトスをしたら、すぐさま目線を相手コートに向けてブロックの動きを確認することがセオリーだ。そのために、トスを上げたら素早く内側から体を回転させる。これにより、スムーズにブロックに目を向けることができ、また次のプレーにも移りやすくなる。

プラス1 セッターテク

とらえる位置が低くならないように注意

落下点に入るのが遅れたり、目測を誤るとボールをとらえる位置が低くなりやすい。低い位置からのバックトスは難しい。ボールが低くなるようなら、体勢を低くしてトスアップすると良い。額の上でとらえる基本をしっかりと守ることが、精度の高いトスにつながる。

コツ07

真上にジャンプして高い位置からトスする

速い攻撃を演出するジャンプトス

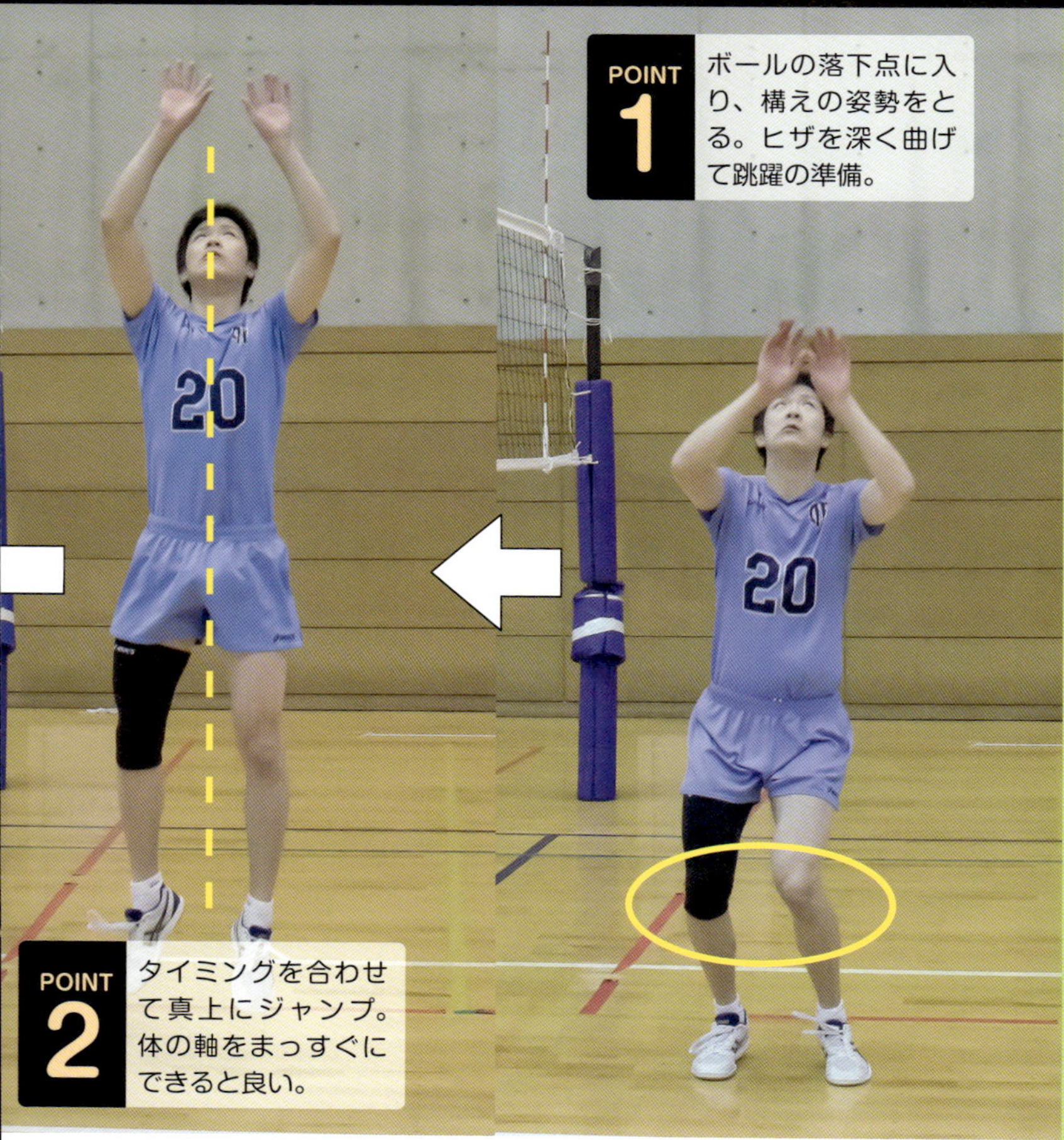

真上に跳躍して高い位置からトスアップできる

試合においては、トスアップの多くがジャンプトスによって行われる。ジャンプして空中からトスを上げるテクニックは、攻撃のスピードを速められるため、セッターにとって必要不可欠な技術となる。

より高い位置から上げることが重要で、白帯の上からのトスがベスト。そのためには、下半身のバネを使っての高いジャンプが求められる。このとき、角度がつかないように真上に踏み切ることがポイント。

また、最高点でとらえるためにはタイミングも大切な要素となる。レシーブで上がったボールの落下点に素早く入り、しっかりと準備する時間を作れるように動作しよう。レシーブが多少乱れても、合わせられるようになるとより有効な技術となる。

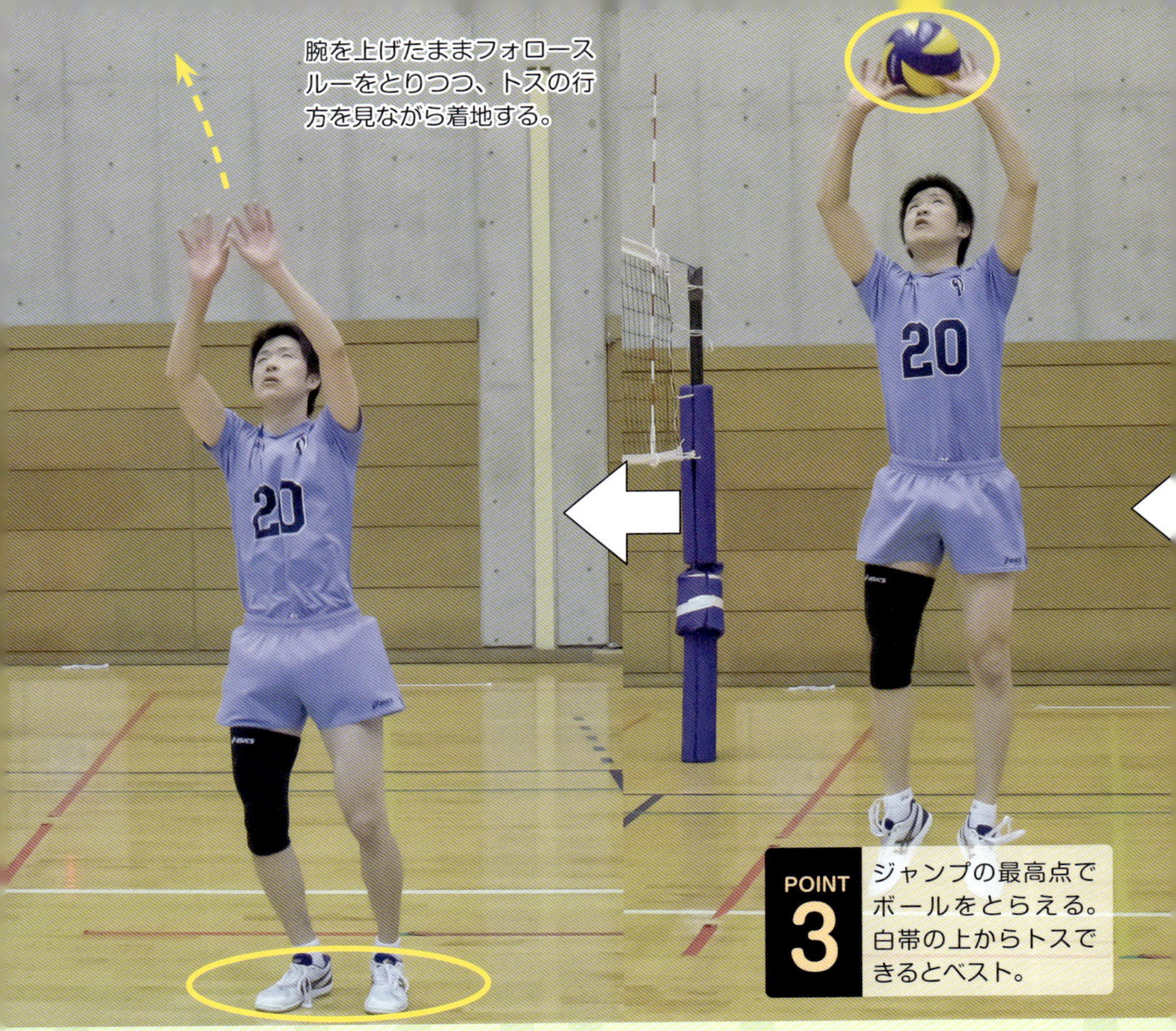

腕を上げたままフォロースルーをとりつつ、トスの行方を見ながら着地する。
POINT 3
ジャンプの最高点でボールをとらえる。白帯の上からトスできるとベスト。

連係力UP POINT

① 落下点に素早く入る
② 真上にジャンプする
③ 最高点からトスアップ

プラス1 セッターテク

軸が崩れてもトスできるとGOOD

レシーブが乱れて、ボールが大きく浮いた場面。そのままにしていると相手コートに返ってしまうところを、ジャンプトスでトスにつなげられると、ピンチを回避するとともに、そこから攻撃をしかけられる。ギリギリのボールを、体の軸が崩れた状態でもトスできる技術を身につけよう。

コツ 08

勢いをつけてトスのスピードを速める

レシーブの乱れに対応するジャンピングトス

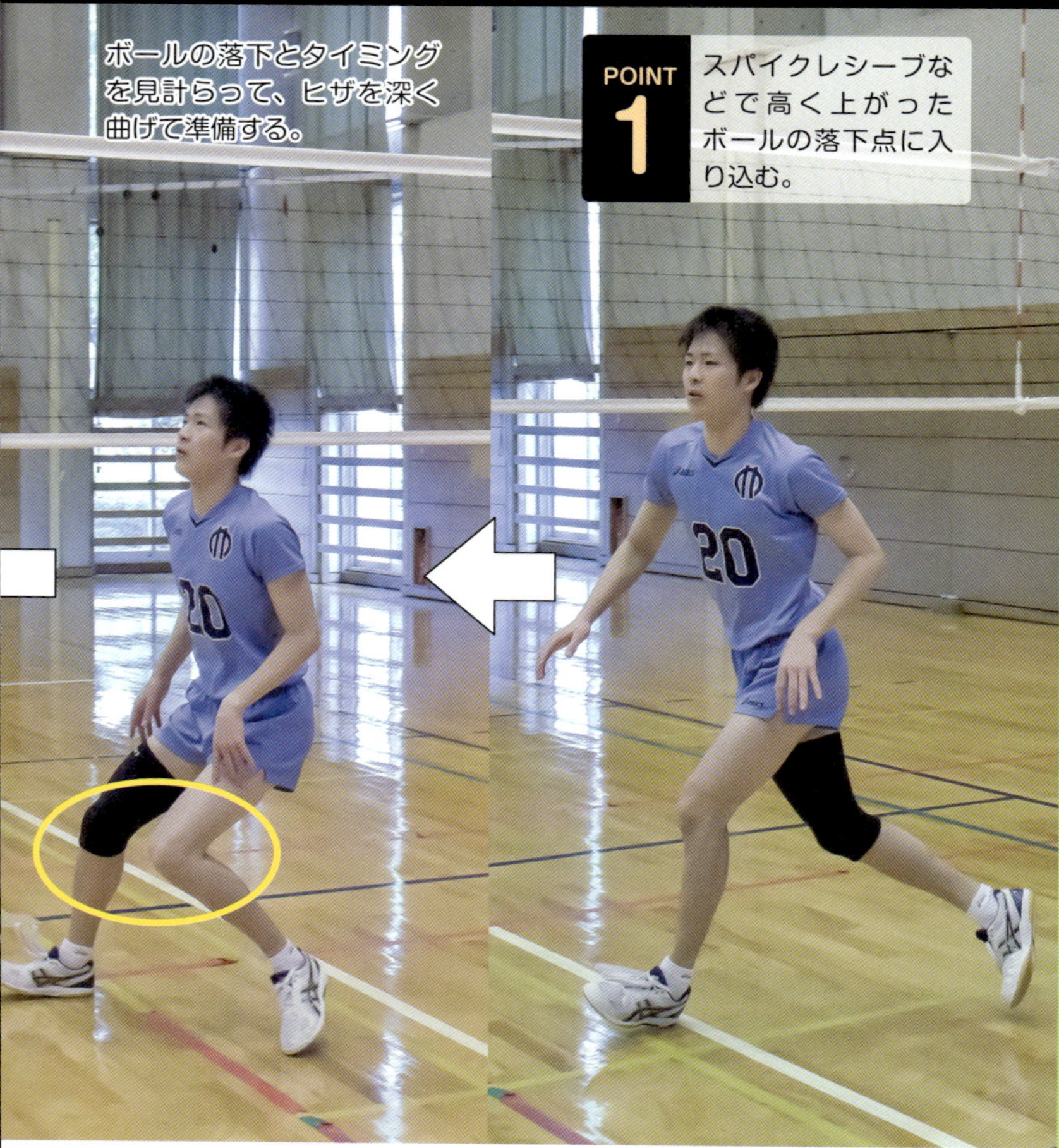

POINT 1 スパイクレシーブなどで高く上がったボールの落下点に入り込む。

ボールの落下とタイミングを見計らって、ヒザを深く曲げて準備する。

速いトスでブロッカーの対応を遅らせられる

真上にジャンプし、空中で静止するようにして最高点でトスアップするジャンプトスに対し、ジャンプの勢いをボールに乗せるテクニックをジャンピングトスという。**ボールの落下の力に、跳躍の跳び上がる力を合わせることでトスのスピードが速まる。**相手ブロッカーの対応を、遅れさせることができるため効果的だ。

なお、ジャンピングトスはしっかりとセッターのポジションにサーブレシーブが上がった場面で繰り出すテクニックではない。二段トス（P30）のバリエーションのひとつとして考えると良いだろう。

トスがスピードアップする分、スパイカーと合わせるタイミングも速まる。コンビネーションに磨きをかけて、ラリーを制する攻撃パターンに加えよう。

POINT 2
ボールの落下にジャンプを合わせて、トスアップの体勢をとる。

POINT 3
ジャンプの勢いをボールに乗せてスピードのあるトスを上げる。

連係力UP POINT

① レシーブボールの落下点に入る
② 落下に合わせてジャンプ
③ 勢いをボールに乗せて速いトス

プラス1 セッターテク

真上にジャンプし フォームを保つ

勢いがついても、フォームを保つことが大切だ。力みが入ると、動作が崩れやすくなるので注意が必要だ。真上にジャンプして、軸をまっすぐにする正しい空中姿勢を意識しよう。スピードとコントロールを兼ね備えたトスを上げることができれば、有効な攻撃をしかけられる。

コツ09

スパイクレシーブをトスして攻撃につなげる

やや後方から正確に上げる二段トス

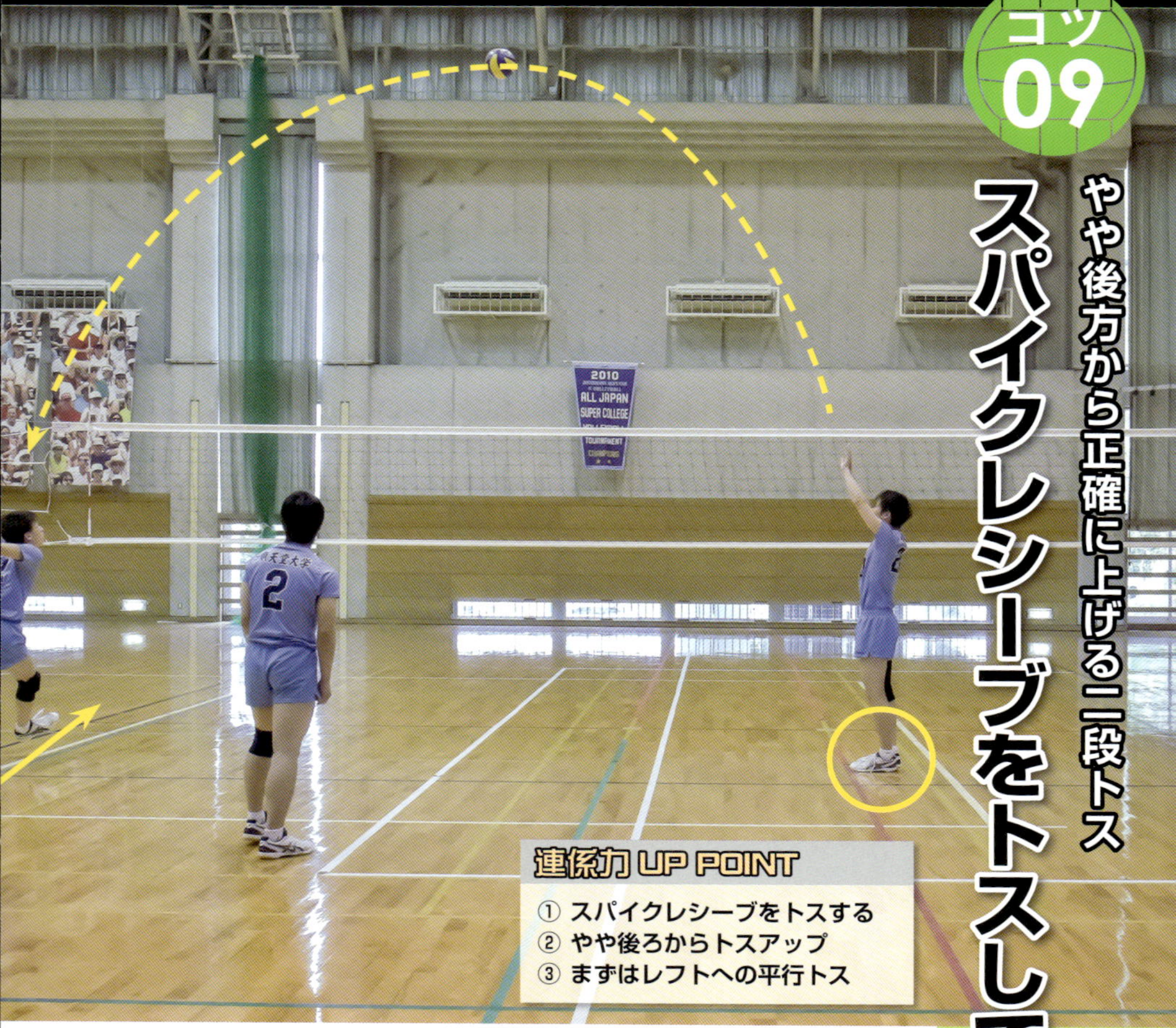

連係力 UP POINT

① スパイクレシーブをトスする
② やや後ろからトスアップ
③ まずはレフトへの平行トス

レシーブボールを攻撃につなげられる

二段トスは、主にスパイクレシーブで上がったボールをトスするテクニックだ。スパイクレシーブはコートの中央から、ややライト寄りの位置に上げることがセオリーであるため、サーブレシーブをトスアップするネット際の通常ポジションから離れた位置でトスを上げることになる。

アタックライン周辺の後ろ目の位置からのトスとなるため速い攻撃をしかけることは難しく、まずはタイミングを合わせやすい平行トス（P38）でスパイクを打たせられるようにコンビネーションを磨くと良いだろう。相手のスパイクを拾って攻撃し返すことができれば、得点力がアップする。なお二段トスは、シーンによってはセッター以外のプレーヤーが行う場合もある。

POINT 1 スパイクレシーブに反応する

サーブレシーブに比べて、相手がネットの上から強打してくるスパイクレシーブは拾うことが難しい。レシーブを正確にコントロールできない場面も多くあるので、セッターはレシーバーが上げたボールに素早く反応する。スムーズに落下点に入り、トスアップの準備をする。

POINT 2 二段トスは後ろ目の位置からが基本

スパイクレシーブでは、レシーバーはコート中央からややライト寄りを狙う。ネット際に上げようとすると、少し大きくなっただけで相手コートに返ってしまうので、ネットから余裕のある位置を目標にすることがセオリー。そのため二段トスは後ろ目から上げることが多い。

POINT 3 まずはレフトへの平行トスを身につける

スパイカーにとってナナメ後方から上がる二段トスは、通常のトスアップより打ちづらいもの。まずは合わせやすい平行トスを、レフトに上げられるように練習しよう。打点の高いエーススパイカーにトスするならば、オープントスで攻撃するのも方法の一つだ。

プラス1 セッターテク

ライトへの二段トスでバリエーションを増やす

前衛が3枚ともスパイカーの場面では、ライトも攻撃の選択肢に加わる。バックトスでライトに二段トスを上げるパターンを身につけて、バリエーションを増やそう。このときも、軌道は平行トスを基本にして練習すると良い。技術が高まれば、さまざまな攻撃をしかけられるようになる。

コツ 10

低い位置からトスアップするアンダートス

レシーブが低くなった場面に対応する

POINT 1 落下点に入り、アンダーハンドパスの姿勢をとってボールを待ち構える。

レシーブが上がったら軌道を見て、ボールが低かったら腕を下に構える。

アンダーハンドパスでトスを上げることができる

トスアップはオーバーハンドパスで行うことが基本だが、額の上でとらえるプレーであるためボールに高さがないと行えない。レシーブが乱れて低いボールがきた場面では、アンダートスを用いて状況に対応しよう。アンダーハンドパスでトスアップするテクニックで、スパイクレシーブなどとは異なりボールをすくい上げるように動作することで軌道に高さを出す。

ポイントは、ボールに回転をかけないこと。回転しているとスパイカーはミートしづらくなるので、できる限り回転させないようにトスアップする。コントロールする位置は、アンテナの手前がベターだ。アンダーハンドでは難しいプレーは狙わず、まずはしっかりと上げることを意識しよう。

POINT 2
両腕で作った面でボールを正確にとらえ、なるべく回転をかけずにトス。

POINT 3
下半身を使って体勢を持ち上げ、ボールをすくうように軌道に高さを出す。

連係力UP POINT

① 腕を下に構える
② 回転を抑えてトスアップする
③ 下半身を使ってすくい上げる

プラス1 セッターテク

アンテナの手前に打ちやすいトスを上げる

アンダートスは、ネットの両端にあるアンテナの手前に落とす軌道がベターだ。しっかりとスパイクにつなげることを重視して、ふわりとしたタイミングを合わせやすい軌道でトスアップする。ボールがアンテナに触れると、アウトオブバウンズの反則をとられるので注意しよう。

コツ11

レシーブが長くなった場面でのワンハンドトス

乱れたボールを片手のみでトスアップする

全身を使って真上にハイジャンプし、ボールに向けて腕を伸ばす。

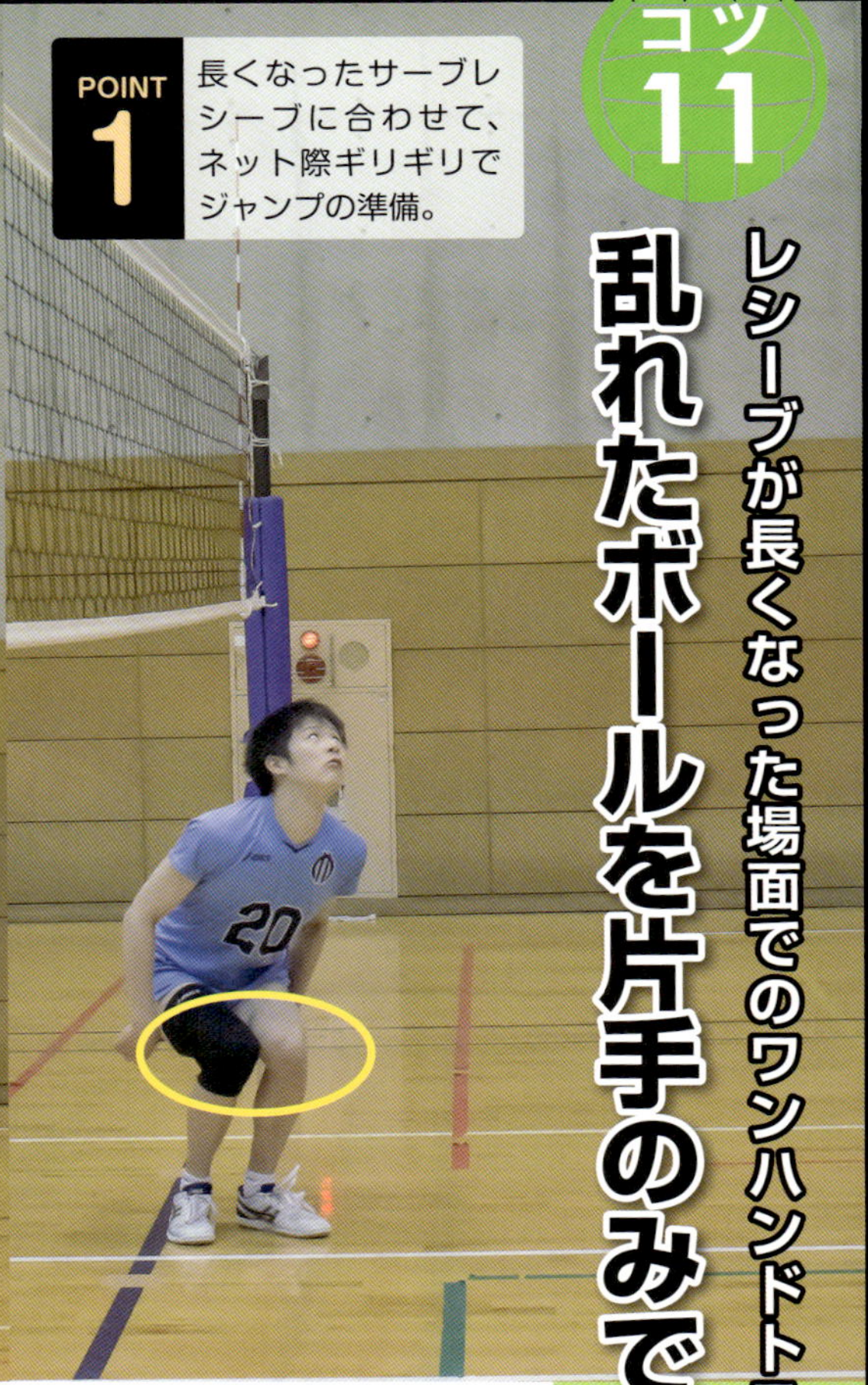

POINT 1 長くなったサーブレシーブに合わせて、ネット際ギリギリでジャンプの準備。

ギリギリのボールをトスにつなげられる

ジャンピングサーブなど強打のサーブが入ってきた場面では、レシーバーがボールを抑えられず、サーブレシーブの軌道がネットを越えることがある。はるか上を通過する高さなら諦めるほかないが、ネットギリギリの手の届く位置ならばワンハンドトスでスパイクにつなげることが可能。相手にチャンスボールが返ってしまうと強烈な攻撃をしかけられるので、際どいボールをトスアップするテクニックを身につけてサーブレシーブへの対応力を向上させよう。

片手ではボールに力を与えるのが難しいので、真上にトスして速い攻撃をしかけるのが基本となる。しかし同じパターンばかりではブロッカーに読まれるので、技術の向上に合わせて平行トスなど別のバリエーションにもトライしよう。

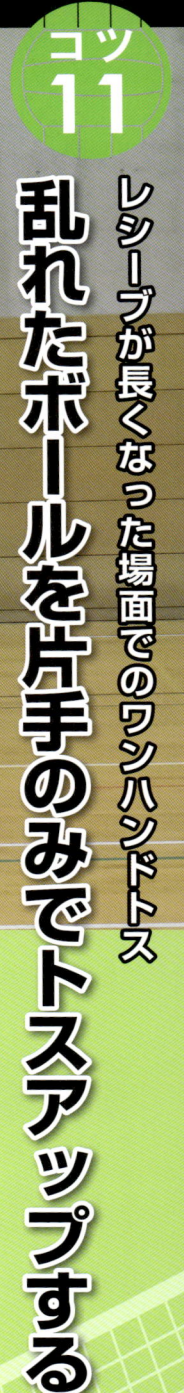

POINT 2
ネットを通過する前にボールを、片手でポンと真上にトスする。

POINT 3
スパイカーが相手コートに打ち込む。ネットタッチしないように着地する。

連係力UP POINT
① ネット際でジャンプの準備
② 片手で真上にトスする
③ ネットタッチに注意する

プラス1 セッターテク

伸びたサーブレシーブを両手でトスするとドリブル

サーブレシーブが相手コートに直接返る軌道で上がった状況では、無理に両手でトスアップするとドリブル（ダブルコンタクト）になりやすい。同一の選手がボールに二度触れる反則をとられやすいので注意が必要だ。ワンハンドトスの技術を磨き、リスクを避けよう。

コツ12

スパイカーが合わせやすいオープントス

高い打点からスパイクできる山なりのトス

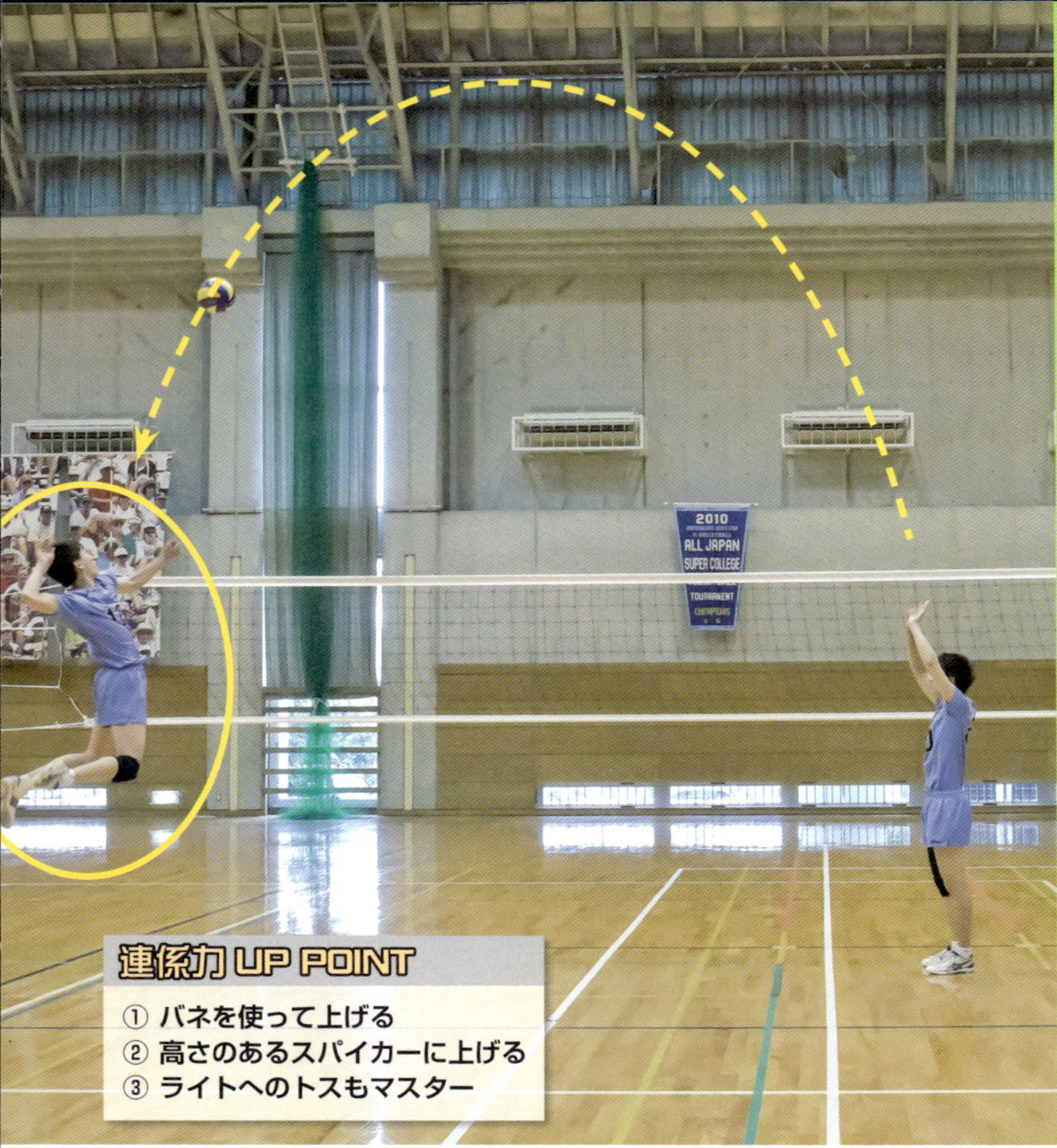

連係力 UP POINT

① バネを使って上げる
② 高さのあるスパイカーに上げる
③ ライトへのトスもマスター

高さがあるトスで スパイカーに合わせられる

ボールを高く浮き上がらせて、落ち際をスパイカーに打たせるトスがオープントスだ。滞空時間が長く、最もスパイクを打ちやすいトスとなる。しかし、相手のブロッカーにとってもタイミングをとりやすいため、セッターは2枚以上のブロックがスパイカーにつくことを想定しなければならない。

そのため、中・上級レベルの試合ではオープントスが上がることはほぼなく、初級者や小・中学生のプレーヤーが基本を身につけるための練習として取り組む場合が多い。山なりの軌道を描くトスアップのポイントは、バネを使ってボールに力をかけること。スピードは重視しないので、ジャンプトスで上げることは少ない。全身でパワーを作り、しっかりボールに伝えよう。

POINT 1 ヒザを充分に曲げてバネを使う

オープントスはボールを高く浮かせて、山なりに上げるテクニック。そのためには、ボールにしっかりと力を伝えることが重要となる。ヒザを充分に曲げて構え、バネを使って力強くトスアップする。全身で力を作ることが大切で、腕のみで上げようとすると力んでミスする。

POINT 2 高打点から打てるスパイカーに適したトス

身長と跳躍力があり、高い打点から打てるスパイカーを擁するチームならばオープントスは強い武器になる。ブロックの上から打てるのならばブロッカーの有無は関係ないので、自チームのスパイカーと相手チームのスパイカーを見てオープントスが使えるか判断しよう。

POINT 3 ライトへのオープントスを身につける

オープントスは、二段トスでレフトのエーススパイカーに託す場面などで上がることが多い。しかし相手チームに強力なブロッカーがいる場面などを想定してライトへのトスも身につけておきたい。バックトスで山なりのトスを上げよう。

プラス1 セッターテク

ワンタッチを狙う攻撃も有効

コントロールに長けたスパイカーにタイミングをとりやすいオープントスを上げ、ワンタッチを狙わせるのも有効な攻撃のひとつ。ブロックを抜くことだけがスパイクではないので、さまざまな攻撃方法で得点を積み重ねよう。状況に合わせた攻撃を考えるのもセッターの役割だ。

コツ13

白帯と平行の軌道をイメージしてトスする

サイドからスピーディに攻める平行トス

連係力 UP POINT

① ジャンプトスで上げる
② ライトへの平行も身につける
③ 最高打点にボールを供給

速いトスでブロックを分散できる

現代のバレーボールにおいて、平行トスはスタンダードな攻撃となっている。タイミングがゆっくりで確実にブロックにつかれるオープントスに対して、トスから1.3秒ほどでスパイクを打ち込める速い攻撃であり、クイック（P44）攻撃も使えるシーンならば、センタープレーヤーをオトリにすることで相手ブロックを分散させられるメリットもある。ブロックが1枚だけならば、スパイクの自由度は格段にアップする。

トスアップでは、ボールの軌道をネットの白帯と平行にするイメージを持つ。高さはスパイカーの打点に合わせて、最も高い位置から打ち込めるようにコントロールする。オープントスほど力を必要としないので、ジャンプトスで上げよう。

POINT 1 ジャンプトスで素早く攻撃する

平行トスはタイミングの速さがポイントになるので、トスアップはジャンプトスで行い攻撃のスピードを上げる。サイドのスパイカーに上げるトスで距離があるものの、オープントスのように高さを出す必要がないので、強く力を込めなくてもトスすることができる。

POINT 2 ライトへの平行トスで攻める

攻撃の基本となるので、ライトへの平行トスのマスターは必須といえる。ジャンプして行うバックトスでも、真上に跳んで体の軸を乱さずに動作すれば正確にコントロールできる。着地と同時に内側から回転して相手コートに体を向け、ボールの行方やブロックを確認する。

POINT 3 スパイカーの最高打点にコントロールする

速さのあるトスを、スパイカーの最高打点にコントロールすることがポイントだ。スパイカーによって異なる打点を把握し、最も高い位置で打ち込めるところにボールを供給しよう。速さ・高さをスパイカーに合わせられないと、ボールがコート外まで飛んでしまうので注意。

プラス1 セッターテク

クイックと併用しブロックを分散する

速さのある平行トスは、トスアップのタイミングがクイック攻撃と同じ。そのため、2種の攻撃を併用することが可能。2人以上のスパイカーが助走を開始すれば、相手ブロッカーはどちらにつくべきか迷う。ブロックの枚数を分散させることができ、スパイカーにとって有利な状況を作れる。

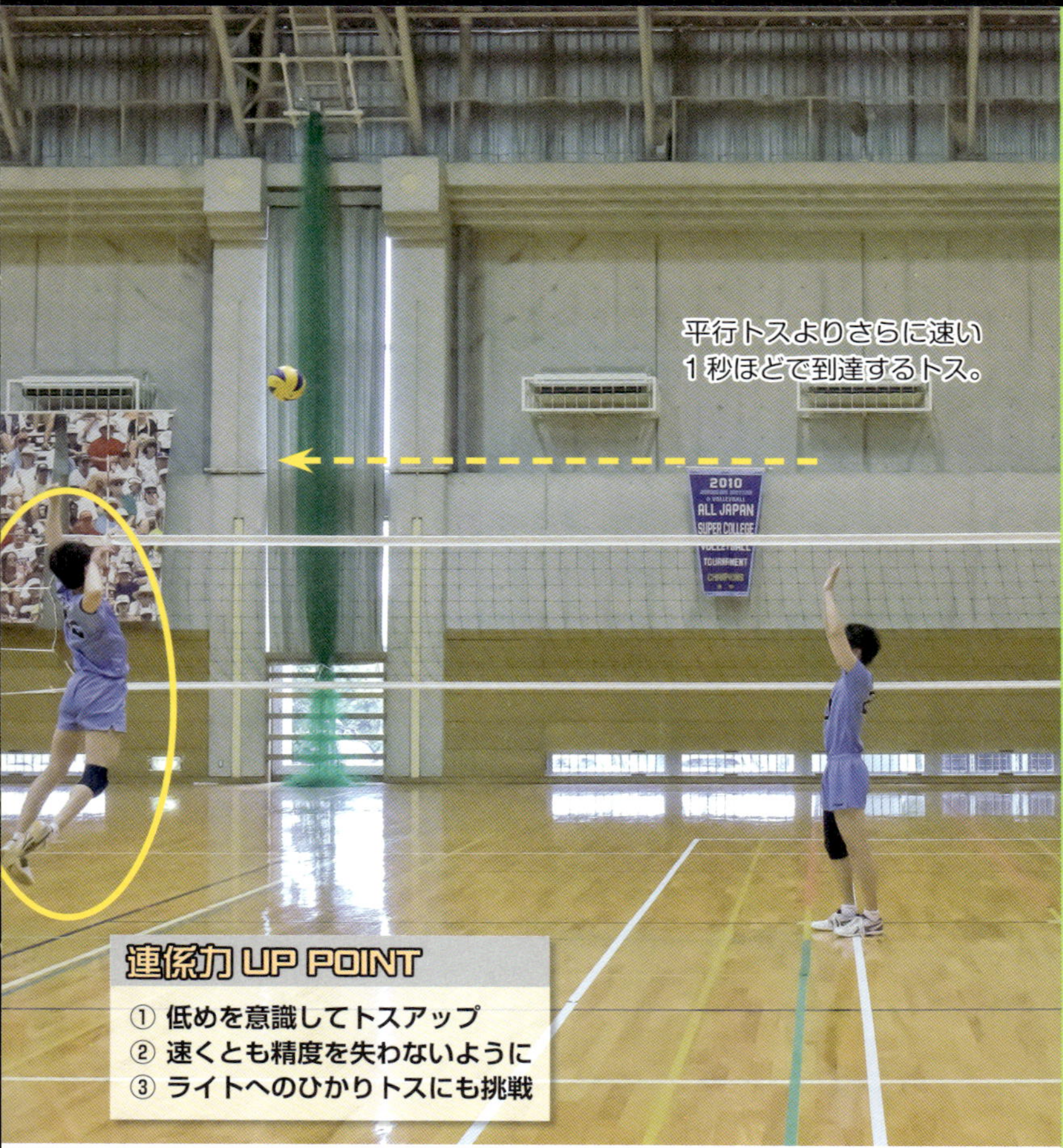

平行トスよりさらに速い
1秒ほどで到達するトス。
ALL JAPAN

連係力 UP POINT

① 低めを意識してトスアップ
② 速くとも精度を失わないように
③ ライトへのひかりトスにも挑戦

コツ 14

スパイカーに速く到達するひかりトス

高速のトスアップでスパイカーに合わせる

平行よりも一段階速い トスが上げられる

ひかりトスは、平行トスよりもさらに一段階タイミングが速い。トスアップからスパイカーに到達するまでが1秒ほどと非常に高速で、相手のセンターブロッカーがブロックにつくことはほぼ不可能。そのためスパイカーは、ブロック1枚の有利な状況で打つことができる。

強力な攻撃となるが、それだけに難易度が高い。スパイカーはセッターがトスアップする前から走りはじめるくらいのイメージで、助走しなければならない。セッターはスパイカーの走り込みに合わせて、正確に打点へとボールを供給する。

攻撃を確実に決めるためには互いのコンビネーションを磨く必要があり、連係が甘いとプッシュフェイントのような弱いスパイクになってしまう。

POINT 1 ジャンプしてトスアップ 低めの軌道を意識

スピードを重視したトスなので、ジャンプトスで上げる。平行トスよりも低めの軌道で、スパイカーへボールを供給する。スパイカーの打点へと、まっすぐコントロールするようなイメージを持つと良いだろう。トスのスピードも、意識的に速くする。

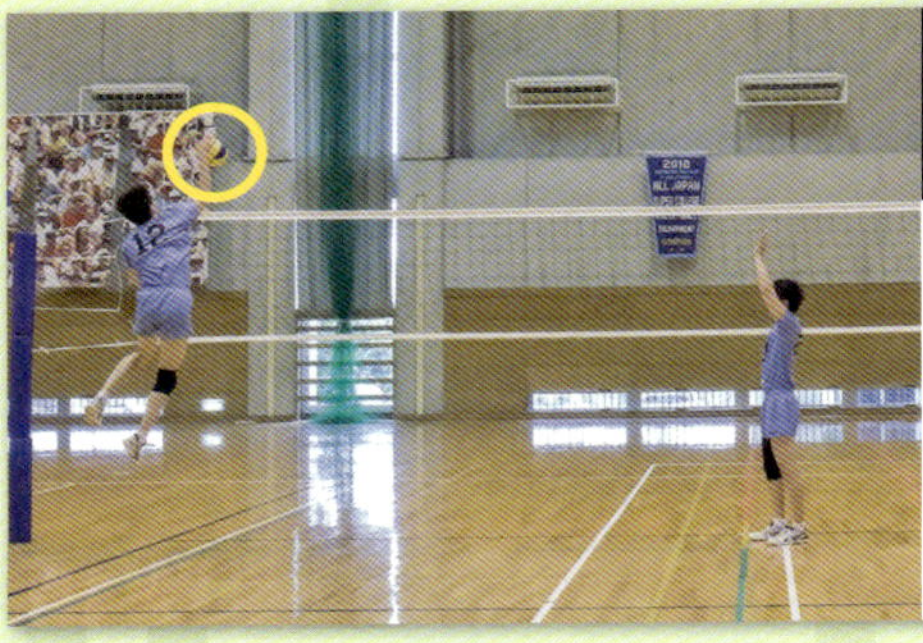

POINT 2 右肩の前あたりへ 打ちやすいトスを上げる

トスの精度が高くなければ、ひかりトスによる攻撃は成功しない。いくら速くてもタイミングが合わなければコート外にボールが落ちたり、力の弱いスパイクになってしまう。スパイカーがボールに力を込めやすい利き腕側の肩の前あたりの位置へ、ボールを供給しよう。

POINT 3 ライトのひかりトスは 攻撃の幅を広げる

技術とコンビネーションのレベルが上がったら、ライトでひかりトスを合わせる練習に取り組もう。バックトスからひかり攻撃を繰り出せるようになると、攻撃のバリエーションが増える。相手ブロッカー陣を惑わせる、強力な武器を身につけることができる。

プラス1 セッターテク

ブロックにスペースを作ればスパイカー有利

2枚以上のブロックがついたとしても、その間にスペースができていればスパイカーは狙い打ちできる。攻撃に速さがあればそれだけ、相手はブロックを整える余裕がなくなるため、ブロックに穴を作る意味でも速い攻撃は有効。速さで攻める戦術が、現代のバレーの主流となっている。

コツ 15

後ろからの攻撃を演出するバックアタックトス
ネットからやや離して後衛からのスパイク

連係力 UP POINT

① 通常のジャンプトスのフォームでトス
② ナナメ後方にボールをコントロール
③ やや遠目の平行トスがベター

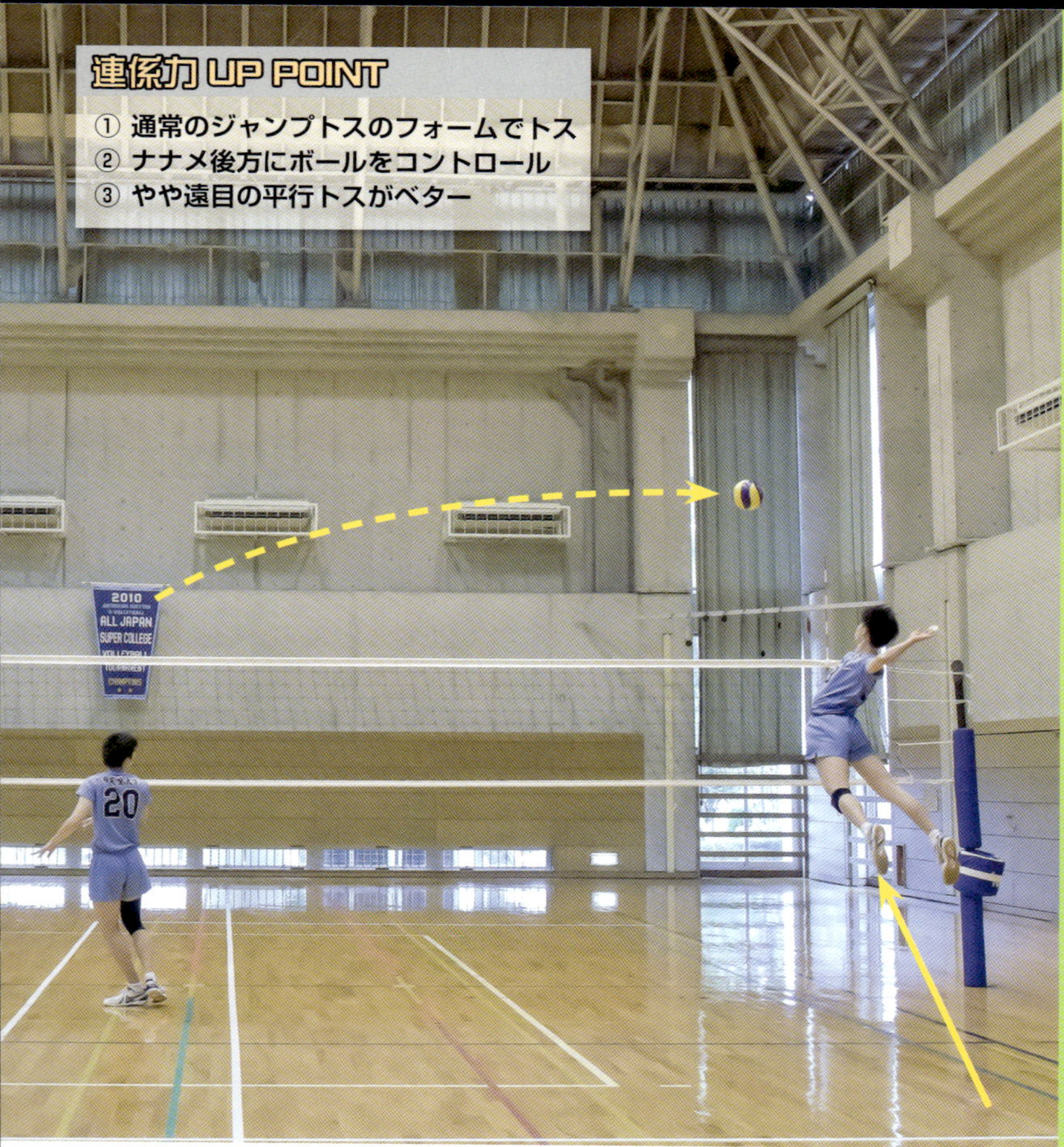

スパイクの選択肢を増やすことができる

後衛のプレーヤーがスパイクを打つプレーをバックアタックという。繰り出すタイミングとしては、セッターが前衛にいる状況でライトから打ち込むのがセオリー。バックアタックが攻撃のバリエーションに加わると、前衛のプレーヤー2枚に加えて、後衛からもスパイクを打ち込めるようになるため、相手ブロックを分散させることができる。

バックアタックのトスではアタックラインの手前からジャンプするスパイカーのことを考えて、ややネットから距離のある位置にコントロールする必要がある。

応用テクニックとして、センター側から速く打ち込む「パイプ攻撃」がある。難易度が高いので、まずは通常のバックアタックを身につけることが先決だ。

POINT 1 前衛へのトスアップと同じように動作する

バックアタックは有効な攻撃手段だが、相手ブロッカーに読まれてしまっては効果を得られない。セッターは前衛にトスアップするときと、同じように動作してボールをとらえる。ジャンプトスがベターで、前衛にスパイカーのいないライトへとボールを供給しよう。

POINT 2 トスをナナメにコントロールする

トスアップでは体の正面か、背面にボールをコントロールすることが多い。しかしライトへのバックアタックトスでは、やや角度をつけて後ろにトスする必要がある。右手をやや意識して、ナナメに押し出すようなイメージでボールをとらえるとコントロールしやすい。

POINT 3 平行トスをややアタックラインに寄せる

後衛のプレーヤーは、アタックラインの前でジャンプしてスパイクを打てない。ラインの手前から角度をつけて跳ぶことを想定し、平行トスをややアタックライン側に寄せて上げると良い。スパイカーのスピードやジャンプ力に合わせて、トスを微調整することも大切。

プラス1 セッターテク

後衛オポジットを使ってバックアタック攻撃

攻撃に特化したポジションをオポジットといい、絶対的な攻撃力を持つ左利きのプレーヤーを擁するチームが置く傾向がある。セッターの対角のライトに位置取りし、後衛ではバックアタックでチームに貢献する。オポジットのいるチームのセッターは、積極的に後衛から攻撃させよう。

コツ16

タイミングを合わせるクイックトス

短く速いトスで高速の攻撃をしかける

連係力 UP POINT

① セッターの真横で打つ A クイック
② ややレフト寄りの B クイック
③ 背面でしかける C クイック

スパイカーに最短距離でトスを上げられる

トスアップからすぐさまスパイカーが打ち込むクイックは、最もスピードが速い攻撃だ。速さが重視されるため、スパイカーの打点へと最短距離でコントロールするイメージでトスを上げると良い。

効果的なクイック攻撃をしかけるためにはセッターとスパイカーの息の合ったコンビネーションが必須で、またレシーバーがトスアップしやすいボールをセッターに返すことも求められる。レシーブの精度が高ければそれだけ、クイック攻撃の精度も高まるのでコントロールがカギになる。

クイック攻撃には複数の種類があり、組み合わせることでより強力になる。クイックトスのバリエーションを増やすことは、チームの強化に直結するといえる。

POINT 1 センターから打ち込むAクイック

　クイック攻撃の基本となるのはAクイック。セッターのすぐ真横となるセンターの位置にスパイカーが入り込み、トスアップと同時に打ち込む攻撃方法となる。

　レシーブで上がったボールをジャンプして最高点でとらえ、空中で待ち構えるスパイカーの打点へ供給する。トスアップの技術よりも、スパイカーとタイミングを合わせるコンビネーションが重要となる。

スパイカーの打点へとボールをコントロールし、速い攻撃をしかける。

レシーブで上がったボールを、ジャンプトスでとらえる。

POINT 2

ショートとロングで攻めるBクイック

Aクイックから、スパイカーの打つ位置をレフト寄りにしたクイック攻撃をBクイックという。トスアップの動作はAクイックとほぼ同じだが、距離が遠くなる分、トスのコントロールと合わせるタイミングの難易度が上がる。

なおBクイックにはショートとロングがあり、微妙な違いながらブロックを外すのに効果的。この2つを使い分けられると、攻撃の幅も広がる。

ショートB

Aクイックから、スパイカーがややレフト寄りに離れた位置で打ち込むショートBクイック。

ロングB

ショートBクイックから、さらに一歩程度セッターから離れた位置で打ち込むロングBクイック。

POINT 3 バックトスで後ろから打ち込むCクイック

セッターのすぐ後ろの位置から打ち込むCクイック。Aクイックをバックトスで行う動作で、背面へのコントロール精度が求められる。

身につけることでライト側からのクイック攻撃が、バリエーションに加えられる。センタープレーヤーが回り込んでセッターの背面へ助走することで、Aクイックと見せかけてのCクイックとなり相手のブロックを外しやすくなる。

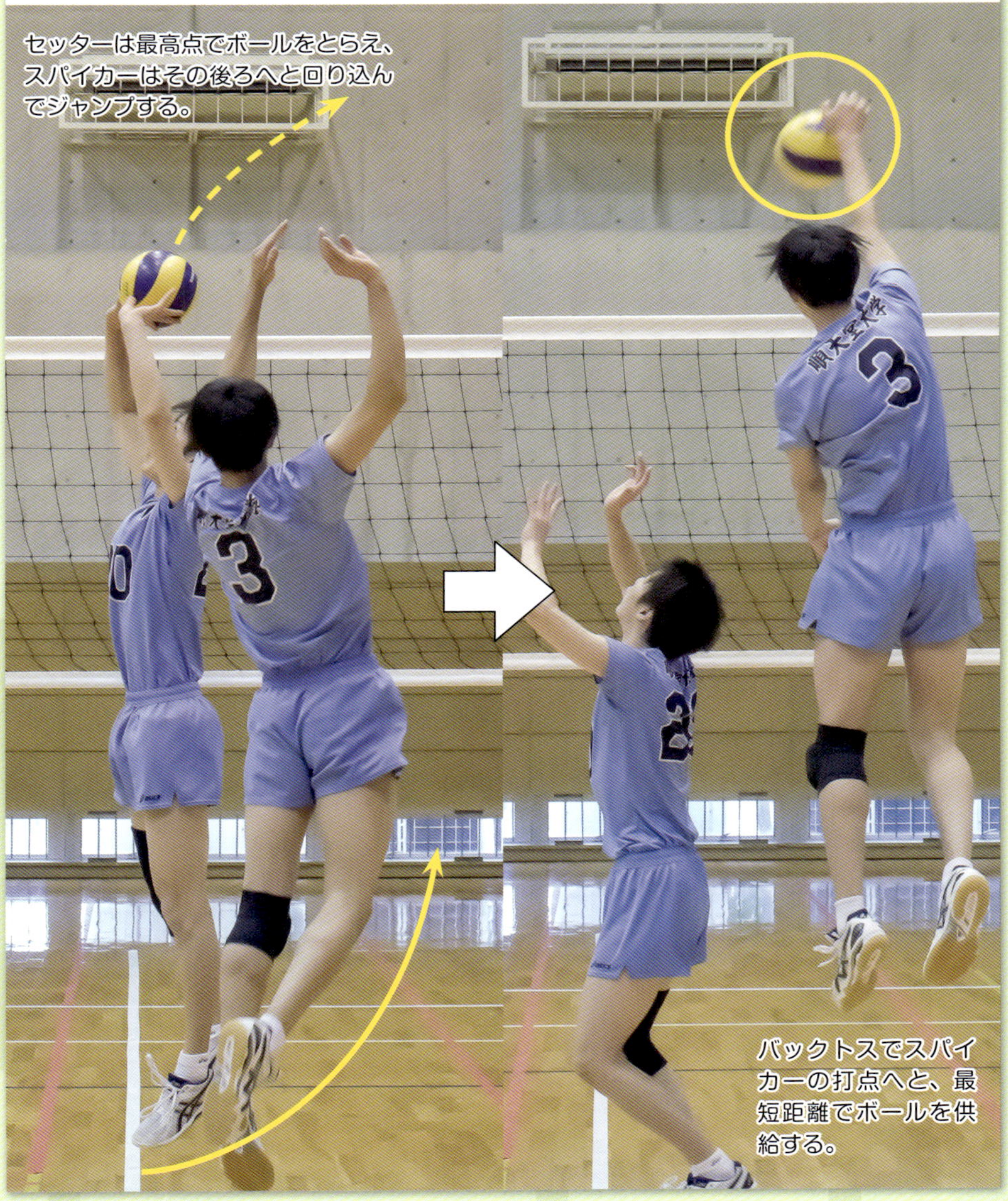

セッターは最高点でボールをとらえ、スパイカーはその後ろへと回り込んでジャンプする。
バックトスでスパイカーの打点へと、最短距離でボールを供給する。

コツ
17

回り込むスパイカーへのブロードトス
移動攻撃に合わせて速く長いトスを上げる

連係力 UP POINT

① センターからライトが一般的
② クイックトスの距離を伸ばすイメージ
③ 別のブロードパターンも考える

大きく回り込むスパイカーにトスを合わせられる

スパイカーが大きく移動して打ち込む攻撃を、ブロード攻撃という。さまざまなバリエーションが考えられるが、センターからライトへのブロードが最も一般的だ。トスの軌道は、Cクイックの距離を伸ばすイメージでライトのサイドへと、低く速めに上げる。スパイカーが回り込み、体をひねりながらボールをとらえるフォームを理解して、タイミングを合わせることが大切。スムーズにしかけられるようになれば、コートを広く使って攻撃できるようになる。

なおBクイックと見せかけて、Aクイックの位置でジャンプして打つスパイクもブロード攻撃のひとつだ。センターからライトに比べると移動距離は短いが、タイミングよく使えば有効な攻撃となる。

PART2
攻撃バリエーションを増やす

コツ 18

スピードのある攻撃でブロックを分散させる

前衛時にしかけるAクイック・平行

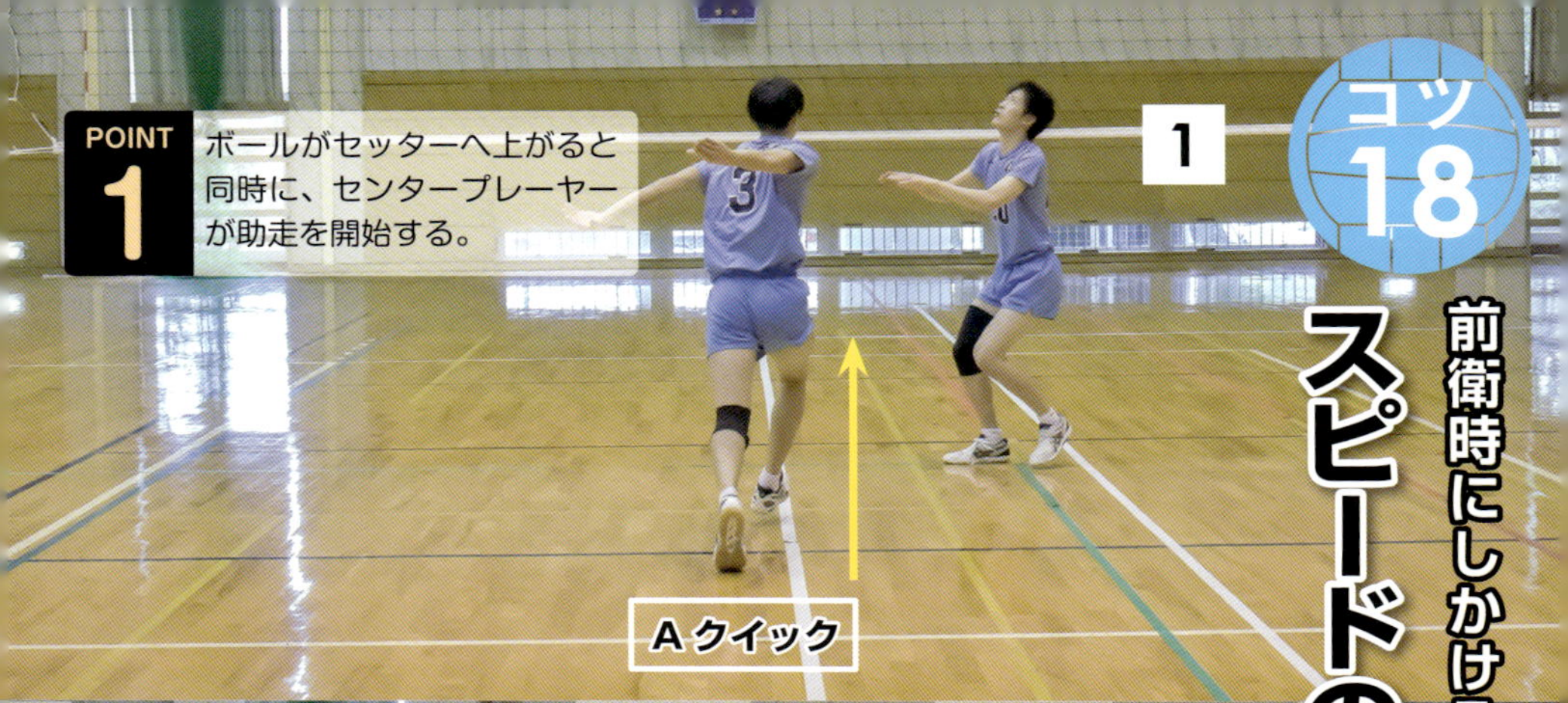

POINT 1 ボールがセッターへ上がると同時に、センタープレーヤーが助走を開始する。

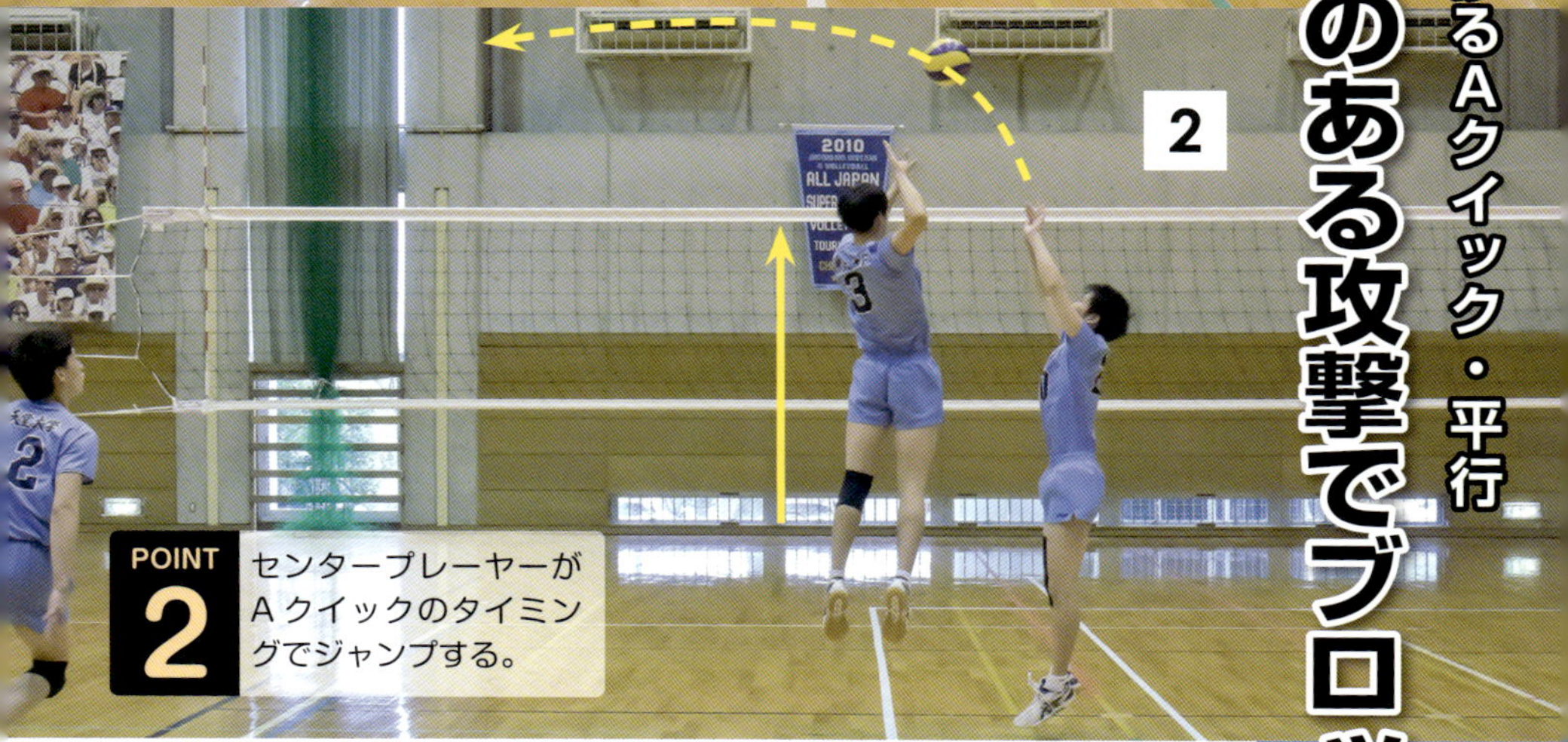

POINT 2 センタープレーヤーがAクイックのタイミングでジャンプする。

2枚のスパイカーを使うトスワークの基本が身につく

セッターが前衛にいる際の攻撃では、スパイカーが2枚となり、攻撃の選択肢が少なくなる。それだけに2枚のアタッカーによる攻撃パターンのマスターが大切。駆け引きしながらいかにブロックを外すかがセッターの腕の見せどころだ。最も基本的なのが、センタープレーヤーがAクイック、レフトプレーヤーが平行のタイミングで助走するパターン。チームとして、まず身につけなければならない攻撃だ。

相手のセンター側のブロックがAクイックに反応すれば、レフトプレーヤーがブロック1枚でスパイクを打てる。しかし相手のライト側ブロックがAクイックに対応し、センター側とレフト側がレフトプレーヤーに2枚ついた場合は不利になることを頭に入れておこう。

POINT 3 A クイックをオトリに使って平行トス。レフトプレーヤーが合わせて助走する。

平行トスをレフトでスパイクする。ブロック1枚の状況なら高い確率で決まる。

連係力 UP POINT

① レシーブに対してセンタープレーヤーが助走に入る
② センタープレーヤーが A クイックでジャンプする
③ A クイックをオトリに平行トスでレフトからスパイク

プラス1 セッターテク

A クイックでの攻撃も有効 レシーブの精度がカギ

相手センター側のブロックの反応が遅いなど、A クイックが決まりそうな場面ならセンタープレーヤーに打たせるのも方法のひとつ。しかしAクイックはレシーブがキレイにセッターに返らないと使いづらく、レシーブの悪さから相手ブロッカーに「Aはない」と読まれることもある。

コツ19

前衛時にしかけるBクイック・平行

Bクイックでレフトのブロックを1枚にする

1
POINT 1
セッターにボールが上がると同時に、センタープレーヤーが助走を開始。
Bクイック

2
POINT 2
センタープレーヤーは、Bクイックでスパイクを打ちに行く。

ライト側のブロッカーを封じることができる

Aクイックと平行を組み合わせた攻撃から、一段レベルを上げたパターンがBクイックと平行だ。センタープレーヤーのスパイクをセッターのすぐ横でジャンプするAクイックから、2m以上離れた位置でジャンプするBクイックに変更することにより、相手のライト側のブロッカーがセンタープレーヤーに対応することが難しくなり、センター側のブロッカーが跳ばざるを得ない状況を作り出せる。

必然的にレフトプレーヤーのブロックが1枚となり、優位に立ってスパイクを打てる。センター側のブロッカーの反応が良く、レフトに食らいついてくる場合もあるが、タイミング的に遅れているのでレフトプレーヤーにつくブロックは多くても1.5枚と考えることができる。

POINT 3
センタープレーヤーを越え、レフトプレーヤーへ平行トスを上げる。
平行
3

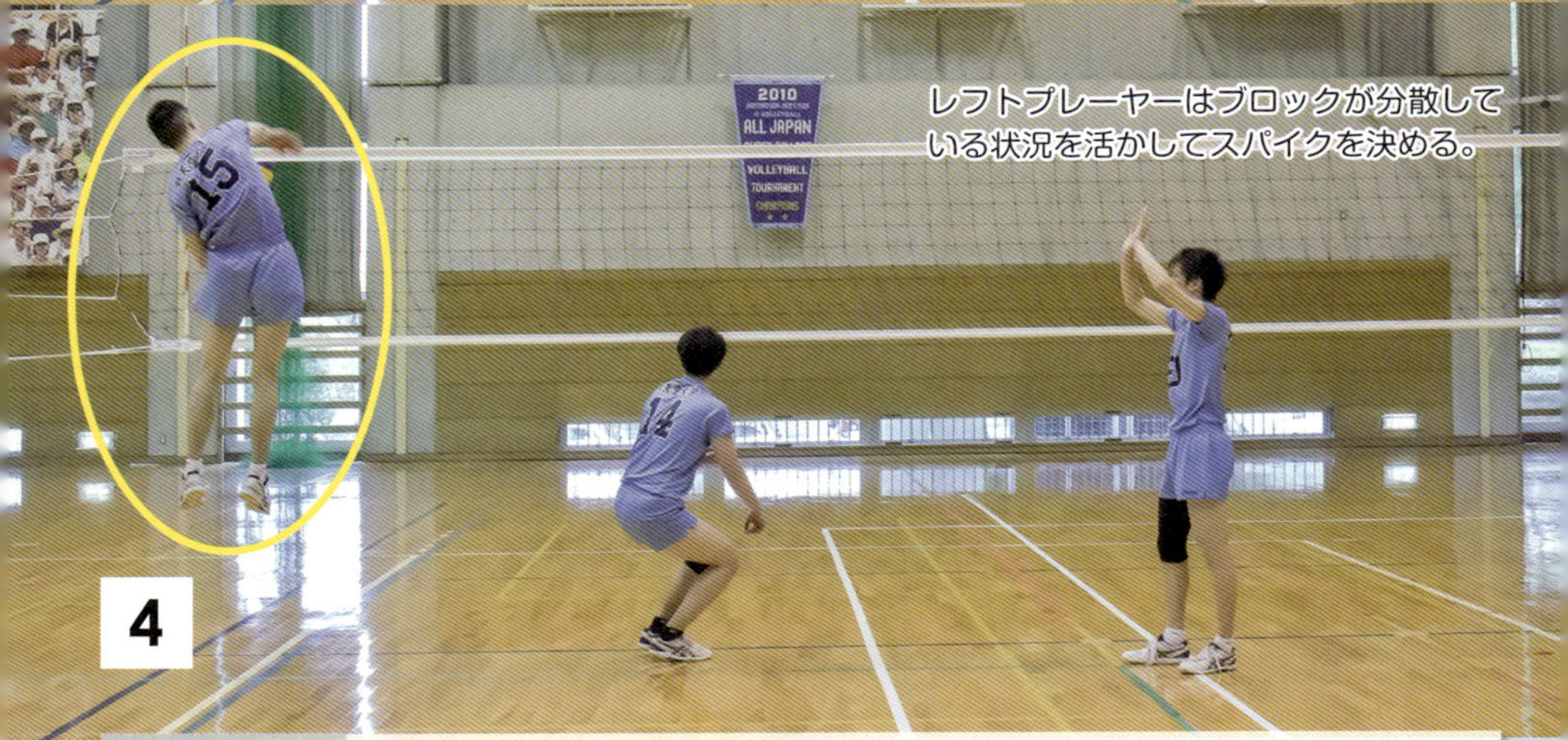
レフトプレーヤーはブロックが分散している状況を活かしてスパイクを決める。
4

連係力 UP POINT

① セッターにボールが入るのと同じタイミングでセンターから助走
② センタープレーヤーはＢクイックでジャンプしてスパイクを狙う
③ Ｂクイックをオトリに使ってレフトへの平行トスを上げる

プラス1 セッターテク

ショートのＢクイックがブロックを分散しやすい

このパターンにおけるセンタープレーヤーのBクイックでは、やや短めのショートBを使うのがセオリー。ロングBだと平行を打つレフトプレーヤーと位置が近すぎて、2枚のブロックにつかれる危険がある。センターエリアとレフトエリアを、しっかりと分けられることが大切となる。

コツ 20

前衛時にしかける時間差移動攻撃

クイックとセンターセミで時間差を作り出す

1
セッターにボールが入るのに合わせて、センタープレーヤーが助走する。
Aクイック

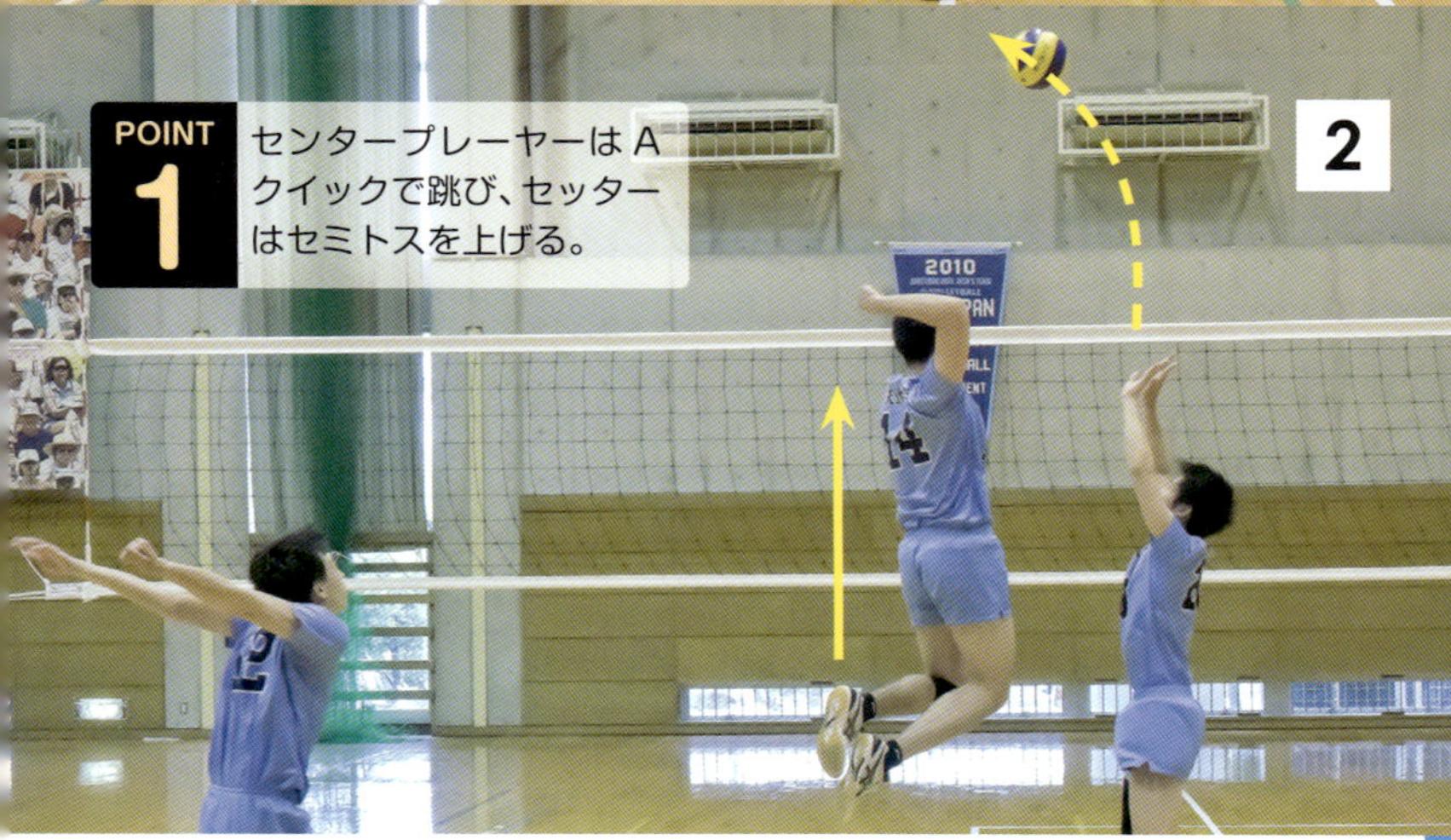

2
POINT 1
センタープレーヤーはAクイックで跳び、セッターはセミトスを上げる。

スパイカーのコンビでブロックを破る

ブロックの分散に効果的な攻撃として、スパイカーがスパイクを打つ位置を移動する方法と、スパイカー同士のコンビネーションでスパイクに時間差を作り出す方法がある。この2つを組み合わせることを、時間差移動攻撃という。

さまざまなパターンが考えられるが、基本となるのがAクイックとセンターセミによる攻撃だ。セッターにボールが入るのに合わせてセンタープレーヤーがAクイックで入っていき、セッターがクイック攻撃と見せかけてセミトスを上げる。レフトプレーヤーが中央に入り込んで、そのセミトスを打つ。センタープレーヤーがオトリになっているので、ブロックが薄くスパイクの決まりやすい状況を作り出すことができる。

POINT 2
遅れてレフトから入ってきたレフトプレーヤーが、センタープレーヤーの横でジャンプ。

POINT 3
セミトスをスパイクする。移動と時間差が同時に含まれる有効な攻撃となる。

連係力 UP POINT

① セミトスを上げてセンタープレーヤーの上を越える
② サイドからセンターへとスパイカーが入り込む
③ オトリを活かしてスパイクを決める。

プラス1 セッターテク

セミトスはAクイックよりボール3個分高いトス

センターセミトスとは、直上トスとAクイックトスの間の高さで上げるトスのことをいう。Aクイックからボール3個分の高さが目安で、やや速いタイミングとなるため、レフトからの移動と組み合わせることで、ブロッカーの準備が整う前にスパイクを打ち込むことができる。

コツ21

Bクイックの前に入り込むスパイクで攻める

前衛時にしかけるB前攻撃

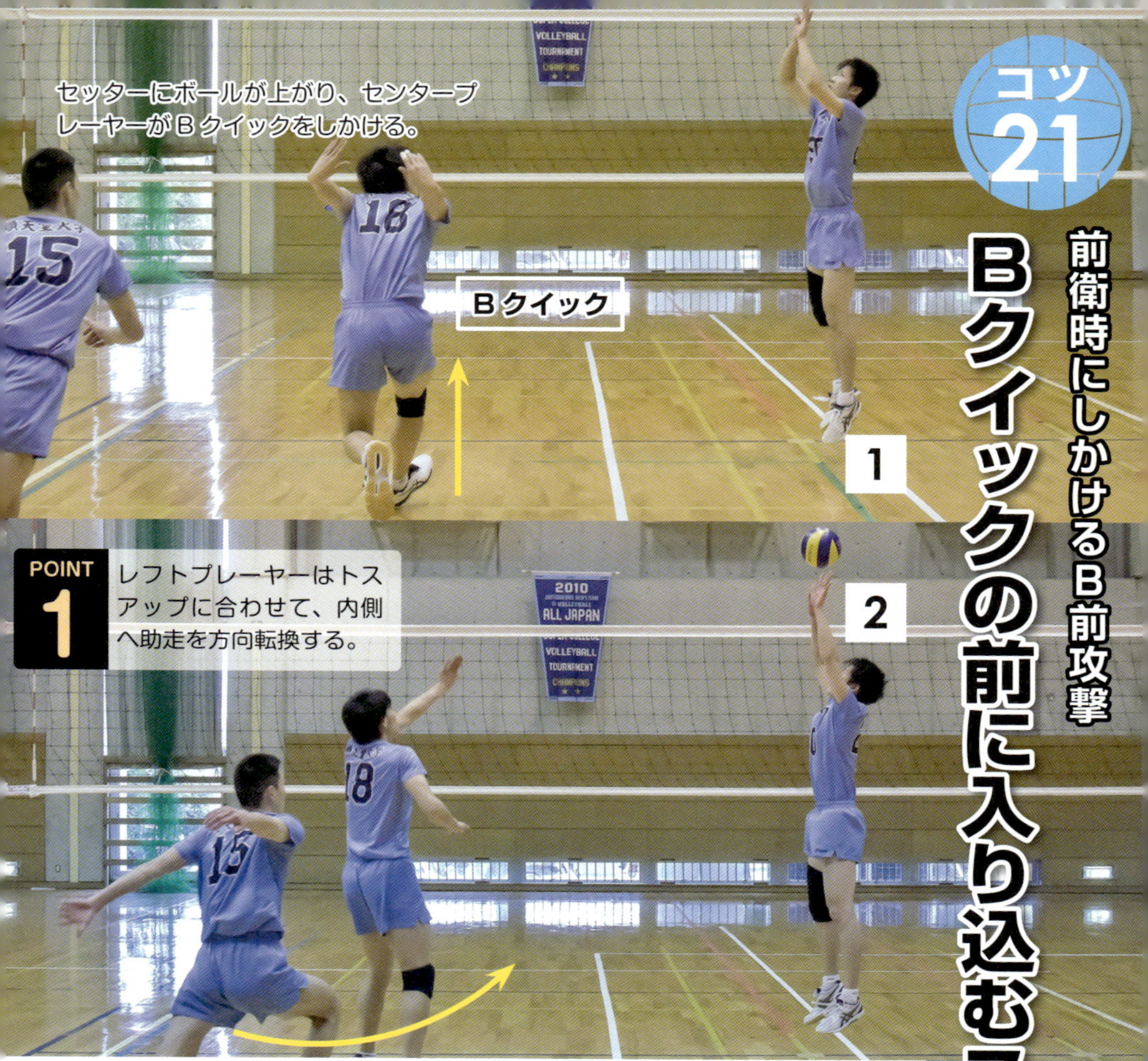

セッターにボールが上がり、センタープレーヤーがBクイックをしかける。
Bクイック
1
POINT
1
レフトプレーヤーはトスアップに合わせて、内側へ助走を方向転換する。
2

時間差移動攻撃のバリエーションが増える

Bクイックを使った攻撃のひとつに、あとからスパイカーがクイッカー（クイックをしかけるプレーヤー）とセッターの間に入るパターンがある。この位置はBクイックの前に入ることから「B前」と呼ばれる。センターでの基本的な時間差移動攻撃の、応用のバリエーションとなる。

センタープレーヤーがBクイックを打つように見せかけ、セッターへと上がったレシーブボールに合わせて助走。レフトプレーヤーがトスアップのタイミングで内側へと切れ込んでクイッカーの前に入り、セミトスを打つ。交差するような助走の軌道でスパイカーが入るため、相手ブロックを翻弄することができる。しかし移動攻撃の対応に長けたブロック陣が相手だと、とめられる危険もある。

POINT 2 クイッカーの前でレフトプレーヤーが跳び、セッターはセミトスを上げる。

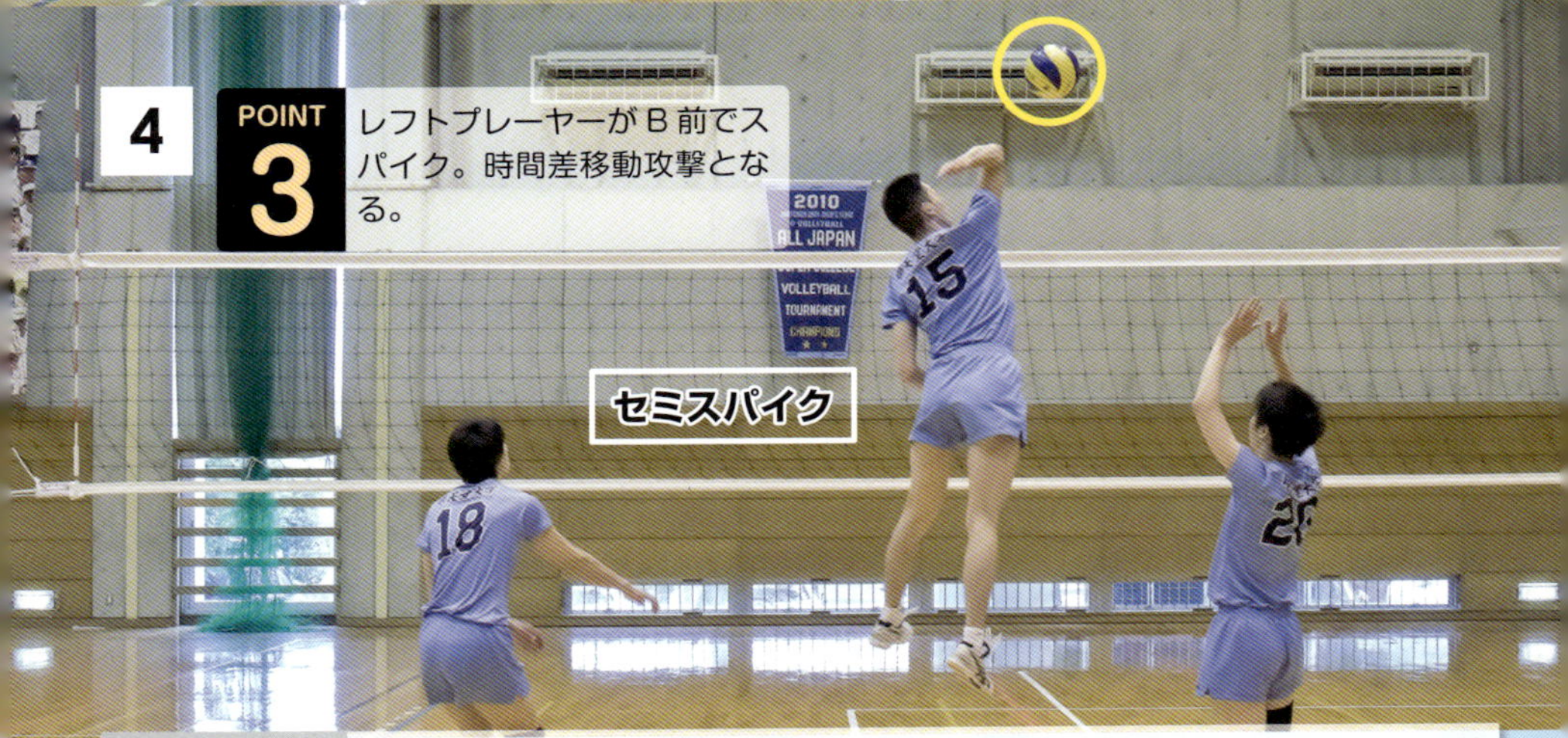

POINT 3 レフトプレーヤーがB前でスパイク。時間差移動攻撃となる。

連係力UP POINT

① Bクイックに合わせてレフトが内側へ入り込む
② レフトプレーヤーへセミトスを上げる
③ 時間差移動攻撃で相手ブロックを破る

プラス1 セッターテク

移動攻撃に弱いブロックに有効

センタープレーヤーのBへの移動、レフトプレーヤーのセンター側のB前の移動と、クロスの動きで攻撃するパターンとなる。移動攻撃につられやすいブロック相手なら、Bのクイッカーが有効なオトリとして機能するため、スパイカーはB前からセミトスを力強く打ち込める。

コツ22

前衛時にしかけるB後ろ攻撃
Bクイックの後ろでブロックの自由を奪う

POINT 1 センタープレーヤーがBクイックをしかける。

POINT 2 レフトプレーヤーが回り込むように外側へ助走する。

1枚ブロックの状況を意図的に作り出せる

時間差移動攻撃の特に有効なパターンとして、B後ろ攻撃がある。Bのクイッカーの前にスパイカーが入ってスパイクするB前攻撃に対して、スパイカーをクイッカーの後ろに動かして攻める方法となる。

一見、B前とそう変わらないように見えるが、この位置の違いによってブロックのつき方が大きく変わる。クイッカーがBクイックをしかけることで、相手のセンター側ブロッカーはジャンプせざるを得ず、このブロッカーが壁になるため、相手のライト側のブロッカーはクイッカーの後ろに入るスパイカーをマークできなくなる。

必然的にスパイカーのブロックが1枚となり、B後ろから有利な状況で打ち込むことができる。3枚ブロックの1枚（ライト側）を無力化できるのだ。

3
POINT 3
クイッカーを飛び越すようなトスでB後ろにセミトス。

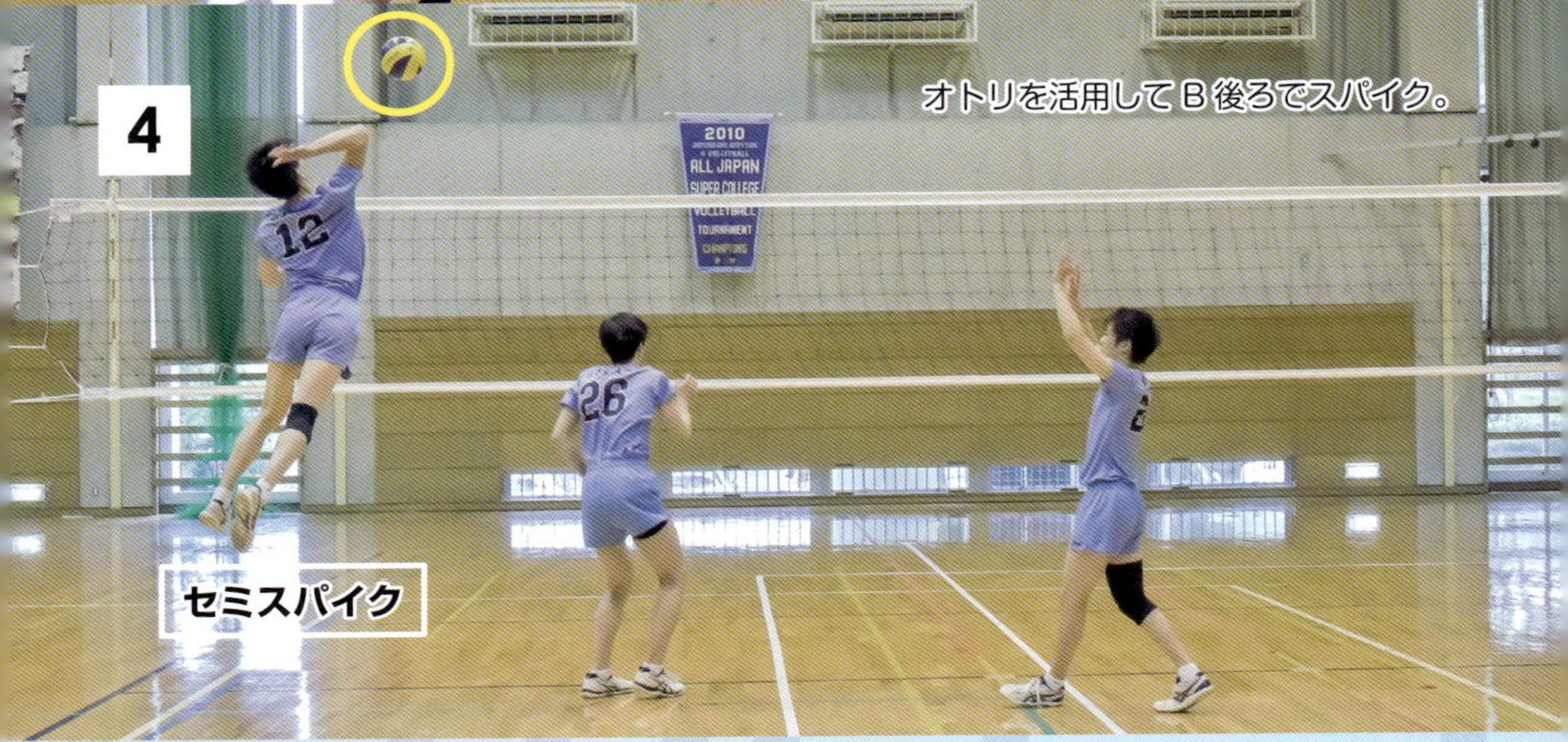
4
オトリを活用してB後ろでスパイク。
セミスパイク

連係力UP POINT

① クイッカーがBクイックをしかける
② 回り込むようにスパイカーが助走
③ クイッカーをオトリに攻撃する

プラス1 セッターテク

トスアップはBクイックをやや浮かすイメージ

Bクイックの後ろは通常のレフトの位置に近いが、平行トスの軌道でのトスアップでは遅い。平行よりも小さめに、Bクイックのトスをやや浮かすようにすると良い。攻撃にスピードがあれば、より相手ブロックの動きを限定できるようになり、得点率がアップする。

コツ23

遠い位置関係で攻撃をしかける

前衛時にしかけるCクイック・平行

1

POINT 1 センタープレーヤーがセッターの後方へ回り込んで助走。

2

POINT 2 Cクイックでジャンプし、レフトプレーヤーも助走開始。

ブロックの動きに合わせて攻撃できるパターンが身につく

セッターの後方からしかけるCクイックは、レフトからの攻撃と組み合わせることで、距離のある攻撃となり非常に有効だ。セッターにボールが上がったタイミングでセンタープレーヤーが後ろへと走り込み、レフトでも助走を開始すると、相手はどちらをマークするか迷う。

３枚の相手ブロック陣を２枚のスパイカーで分散することができ、センター側ブロッカーがクイッカーをマークしたらレフトへ、レフトのスパイカーをマークしたらCクイックと、ブロックの動きを見てトスを選択できる。より有利な攻撃に導くことができれば、高い確率でスパイクが決まる。

なおCクイックは、左利きのセンタープレーヤーに打たせるとより強い攻撃となる。

POINT 3 Cクイックをオトリに、レフトへ平行トスを上げる。

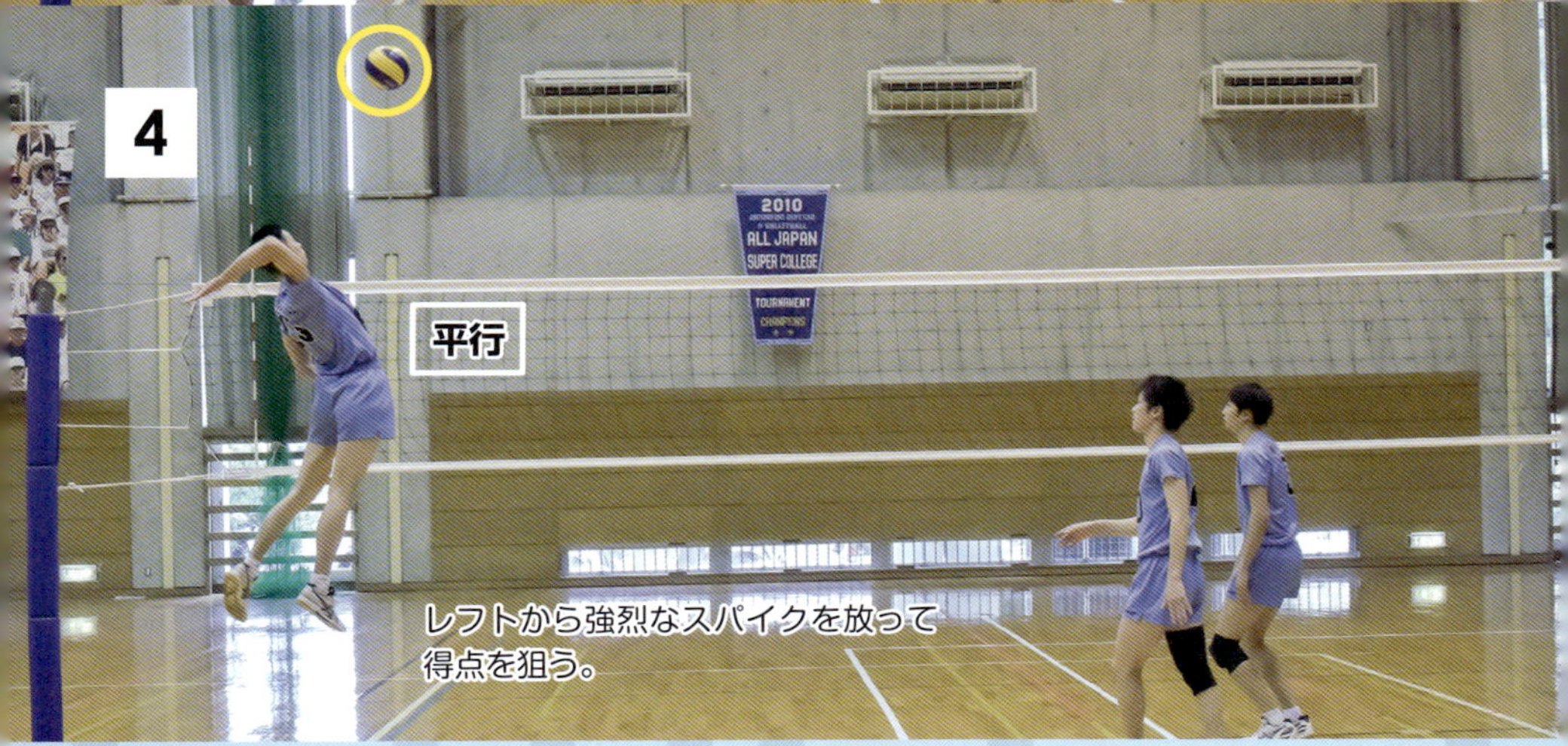

レフトから強烈なスパイクを放って得点を狙う。

連係力UP POINT

① セッターの後方へクイッカーが走る
② Cクイックとレフト平行で攻める
③ クイックをオトリにレフトへトスアップ

プラス1 セッターテク

攻撃を選択できる広い視野を持つ

ブロックの動きを見てトスを判断できれば、Cクイックと平行の組み合わせはチームの攻撃の軸となる。そのためには、相手ブロッカーの動きを把握しながらボールを上げられる能力が必要。広い視野でさまざまな部分に目をやりながらも、正確にトスアップできる技術を身につけよう。

コツ24

前衛時にしかけるバックアタック

攻撃枚数の少なさを後衛で補う

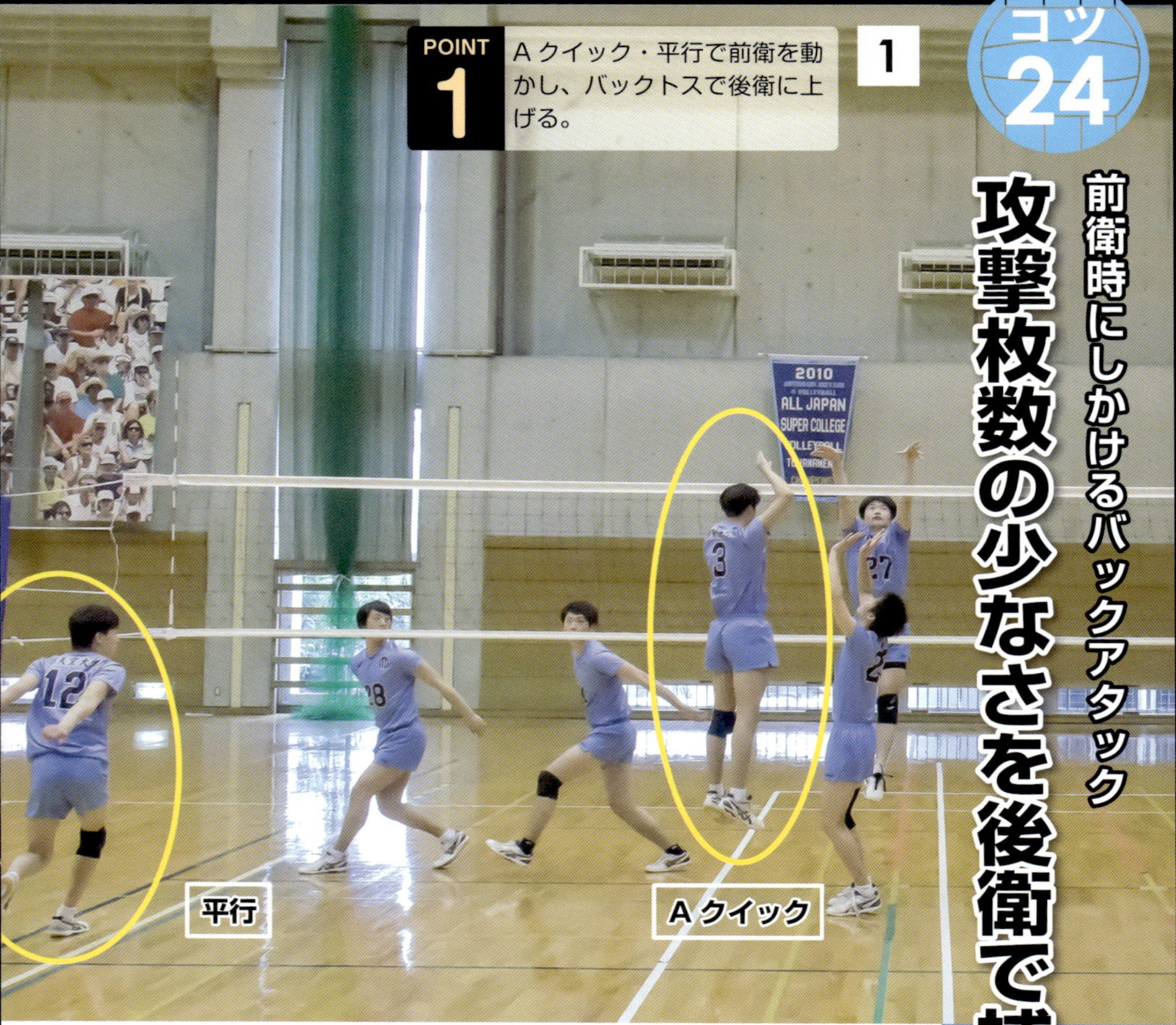

POINT 1 Aクイック・平行で前衛を動かし、バックトスで後衛に上げる。

前衛の手薄さを後衛スパイカーで補える

　セッターが前衛にいるローテーションは、相手のブロック3枚に対し、スパイクできる味方プレーヤーが2枚の数的不利な状況だ。時間差移動攻撃を織り交ぜながらブロックを外すことがセオリーだが、後衛から打ち込むバックアタックも組み込むと、バリエーションの幅が広がってより効果的。基本的なパターンとして、センタープレーヤーのAクイックとレフトプレーヤーの平行に、ライトからのバックアタックを組み合わせる方法が挙げられる。前衛2枚でブロックを引きつけ、後衛のスパイカーがノーマークで打ち込み得点を狙う。

　一度バックアタックの攻撃を見せれば、前衛2枚の状況でも相手の警戒心を後衛まで及ばせることができ、トスワークの駆け引きがしやすくなる。

2

POINT 2 前衛の２枚をオトリに使って、ライトからバックアタック。

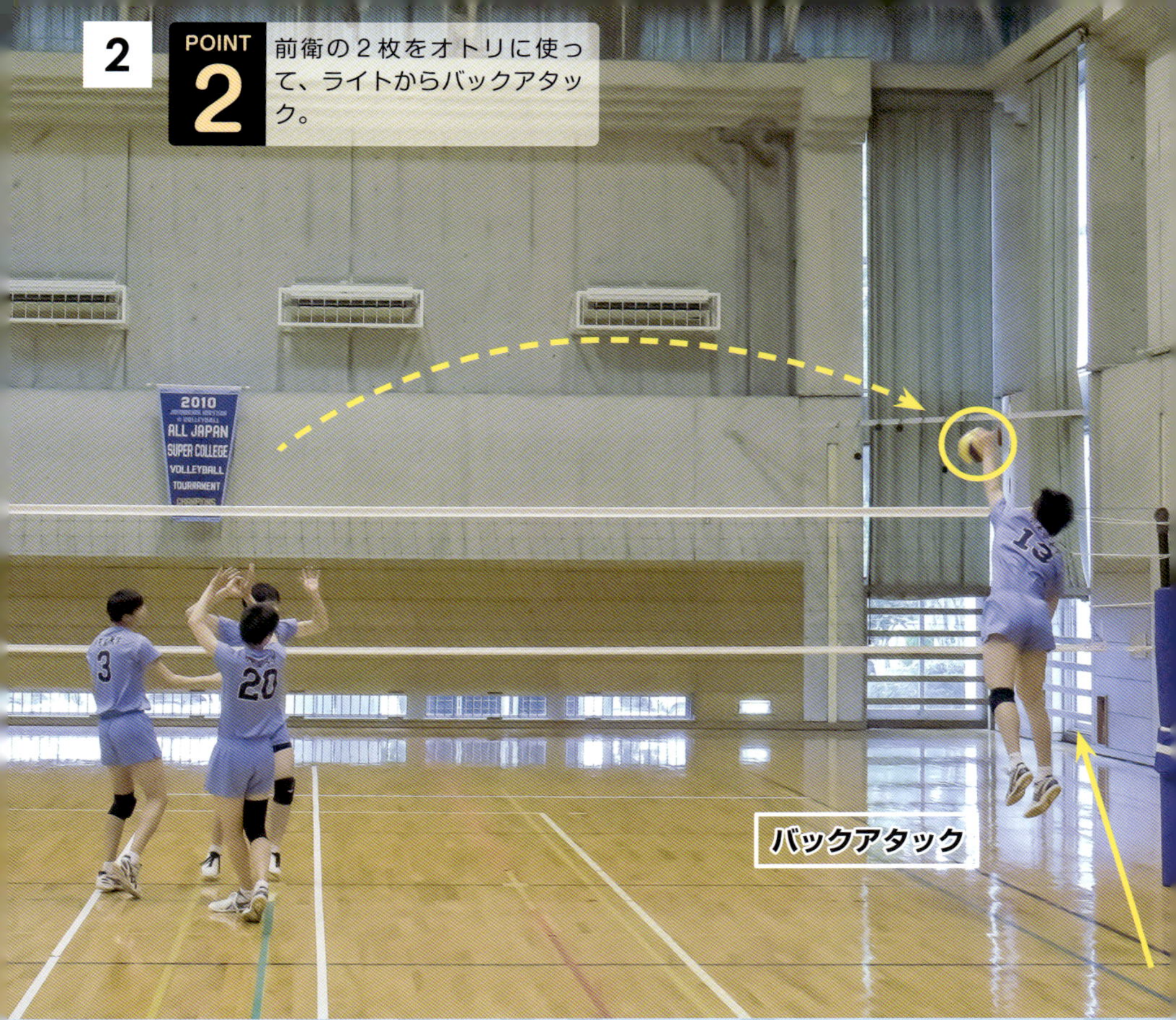

連係力UP POINT

① Ａクイック・平行と組み合わせるのが基本パターン

② ライトからバックアタックを打ち込む

プラス1 セッターテク

ブロック１枚以下でスパイクを打てる

3枚ブロックのうち、最低でもセンター側とレフト側を前衛の2枚で引きつけるので、後衛からバックアタックを打ち込むスパイカーは、ブロックがライト側1枚の状況で打ち込める。うまくブロックを誘導することができれば、ノーマークでバックアタックをしかけられる場合もある。

コツ25

後衛時にしかけるAクイックと両サイドの平行

コートを幅広く使って攻撃する

安定感のある 攻撃パターンが身につく

セッターが後衛にいるローテーションは、チームの攻撃力が高い状態といえる。スパイクを打てる前衛が3枚いるので、攻撃の選択肢が多い。この場面で基本のパターンとなるのは、センタープレーヤーによるAクイックと、レフトプレーヤー、ライトプレーヤーによる平行だ。シンプルな形ではあるものの、コートを幅広く使うためブロックを分散できる。前衛2枚の場面のようにテクニックを織り交ぜなくとも、効果的な攻撃をしかけられるのだ。

サーブレシーブが乱れてAクイックが難しくなったとしても、両サイドの平行を攻撃の選択肢として持てる。ブロックの動きを見てトスを判断すれば、良い状況でスパイクを打たせることができる。

3

POINT 3 クイッカーをオトリに、レフトへ平行トスを上げる。

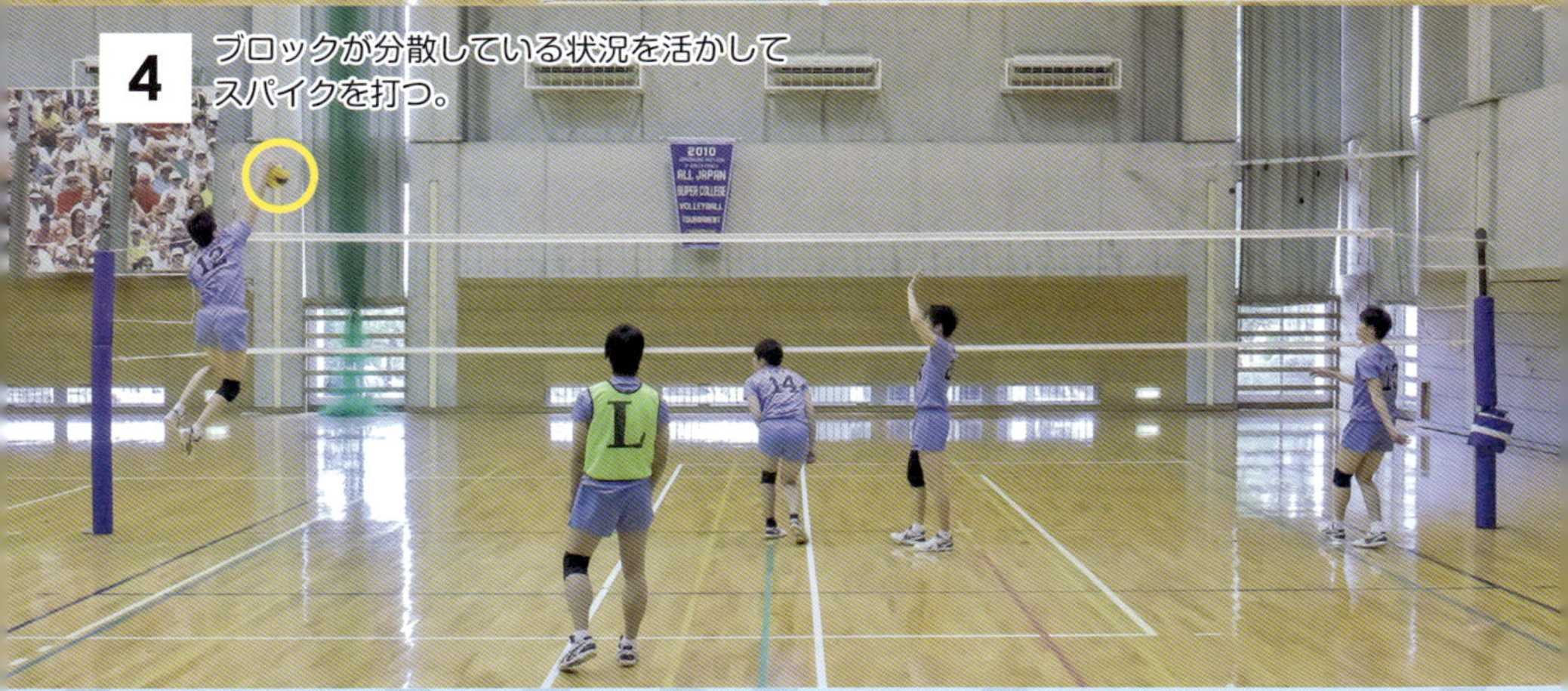

4 ブロックが分散している状況を活かしてスパイクを打つ。

連係力 UP POINT

① センターでの A クイック
② 両サイドで平行をしかける
③ 状況の良いスパイカーへトスアップする

プラス1 セッターテク

レシーブが乱れても冷静にトスを選択する

サーブレシーブが乱れると、クイック攻撃をしかけづらい。相手もそれを察知して両サイドのマークに走る。それでもレフトとライトでブロックは1枚と2枚に分散するので、ブロックが1枚のスパイカーにトスを上げれば有利な状況となる。相手の動きを見て冷静に判断できる能力が大切。

コツ26

後衛時にしかける時間差移動攻撃

センターとライトを使って時間差を作る

センタープレーヤーがAクイックをしかける。
1
Aクイック

2
POINT 1
ライトプレーヤーが内側に切れ込むように助走。

バリエーションが増えることで攻撃力をさらに活かせる

前衛3枚の攻撃力の高い状況だとしても、単調なトスワークでは相手に読まれてしまう。スパイカーとブロッカーに不利なマッチアップがあって、トスを躊躇してしまう場合もある。攻撃力を最大限に活かすために、時間差移動攻撃を組み込もう。

パターンのひとつに、センタープレーヤーとライトプレーヤーによる攻撃がある。センタープレーヤーがAクイックで入っていき、ライトプレーヤーが回り込むように助走してワンテンポ遅れてジャンプ。セッターはセミトスを上げ、センタープレーヤーをオトリにライトプレーヤーがスパイクを打ち込む。このほかにもさまざまな方法が考えられるので、チームにあったパターンを研究しよう。

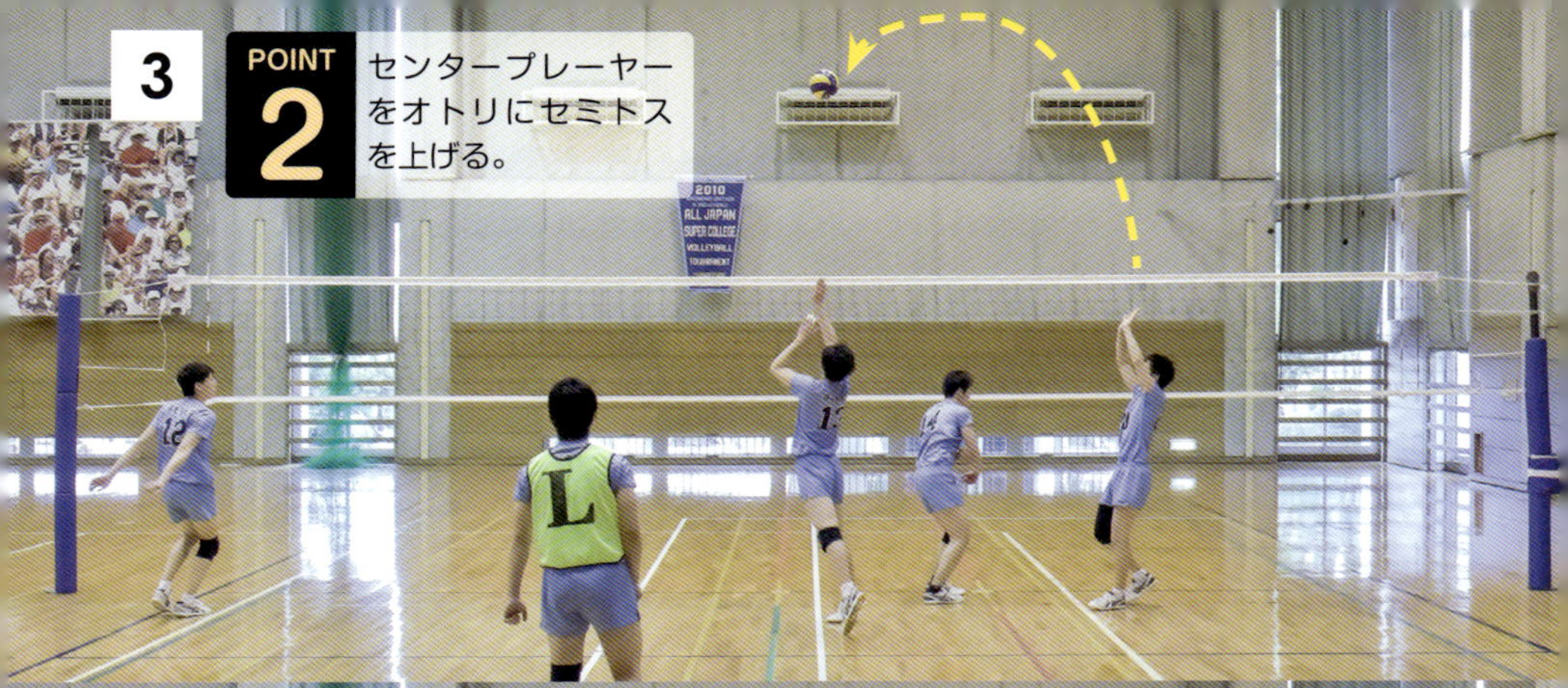
3
POINT 2
センタープレーヤーをオトリにセミトスを上げる。

4
セミスパイク
POINT 3
時間差移動で手薄になったブロックのスキをつく。

連係力UP POINT

① ライトからセンターへと切り込む
② セミトスで時間差攻撃を演出する
③ ブロックを外してスパイクを決める

プラス1 セッターテク

コートを広く使う意識を持ちながらトスワーク

前衛3枚の場面では、コートを広く使うセオリーを忘れてはならない。9mの横幅をフルで使えばそれだけで充分な力を発揮するので、基本のパターンを軸に移動時間差攻撃を絡める意識でトスワークしよう。移動時間差攻撃ばかりでは、せっかくの強力なローテーションを活かしづらい。

COLUMN

強豪校の練習環境の工夫

試合に近いメンタルで練習に取り組む

順天堂大学男子バレーボール部が練習場として使っている体育館には、壁に観客の写真がプリントされた幕が張られている。これには、人に見られている感覚を持って取り組める効果がある。集中力がアップし、練習内容が充実する。

また、実際の試合に向けたメンタルトレーニングとしても有効だ。緊張感に慣れたり、メンタルを安定させる術が身につき試合で実力を発揮できるようになる。

幕といえども、あるかないかで大きな違いが生まれる。強豪校は、こうした工夫を随所に施してチームを強化している。とはいえ、ただ幕を張れば良いというわけではない。各メンバーが幕による効果を理解し、どこを伸ばすためのものか理解して取り組むことが大切だ。高い意識を持って練習すれば効率的にレベルアップできる。

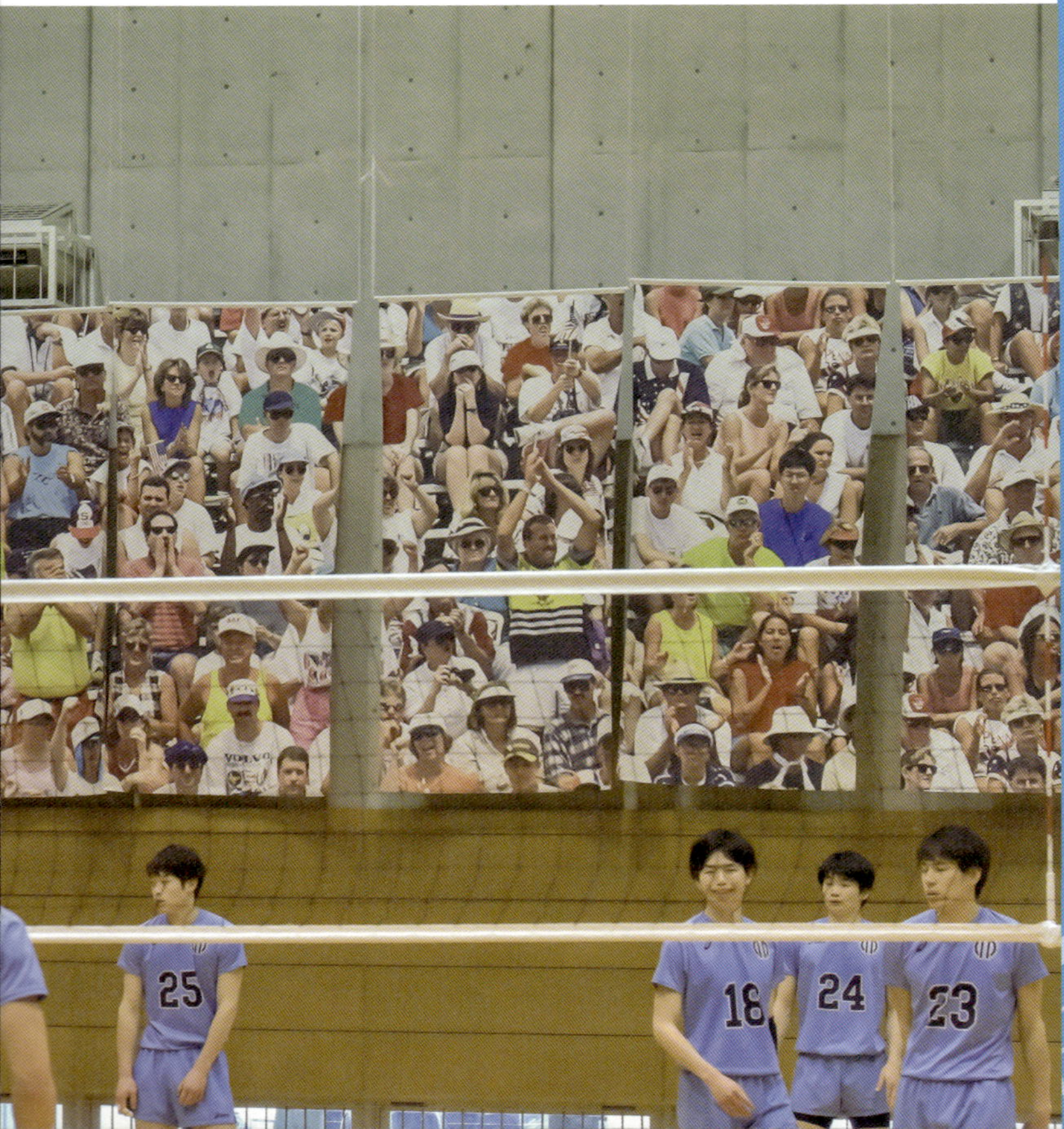

PART3
プレーの総合力を上げる

コツ27

相手のスパイクを防ぐブロック

2歩のステップでジャンプして腕を伸ばす

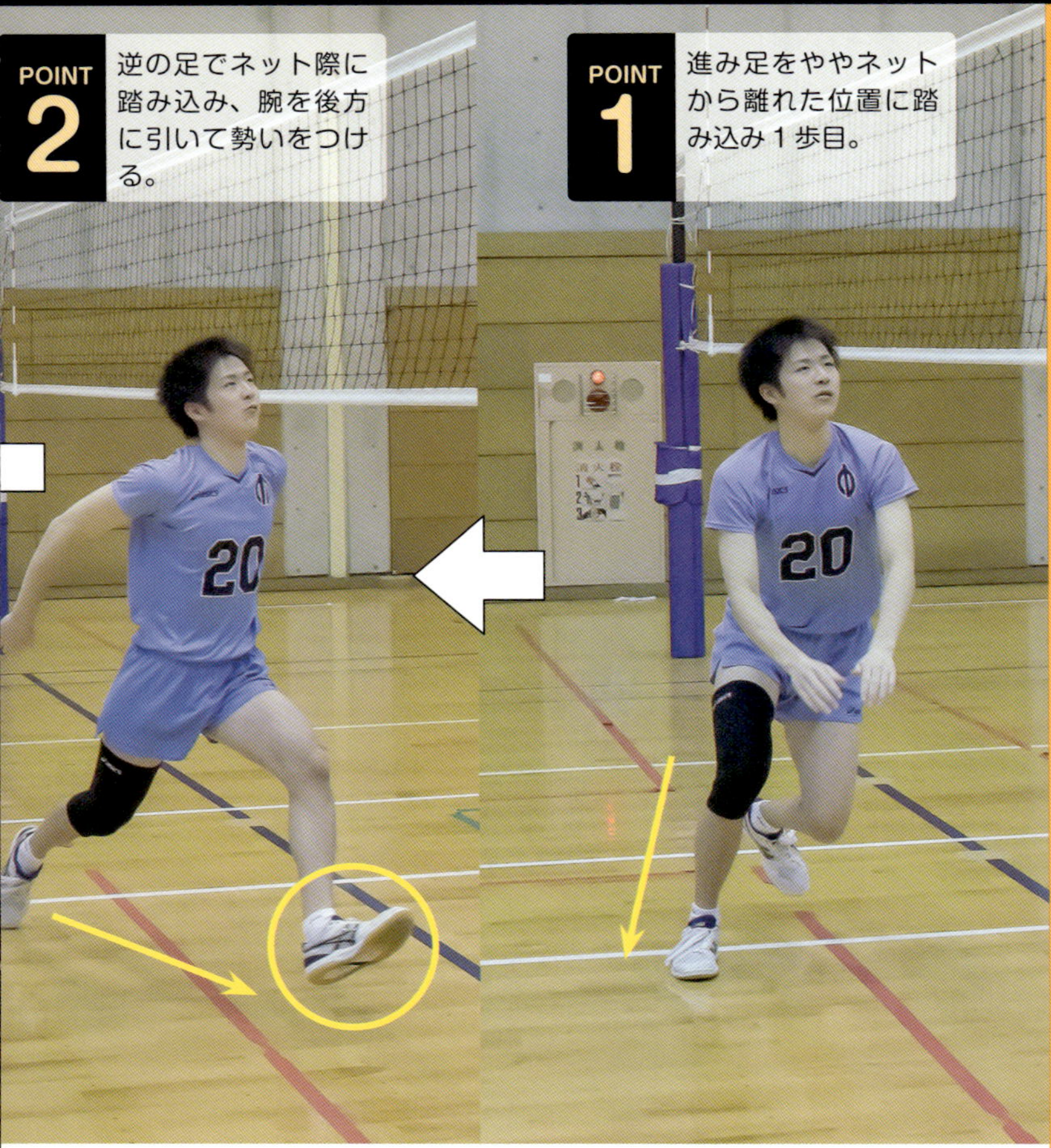

POINT 1 進み足をややネットから離れた位置に踏み込み1歩目。

POINT 2 逆の足でネット際に踏み込み、腕を後方に引いて勢いをつける。

素早いステップワークでスパイクをブロックできる

前衛にいるローテーションでは、セッターも守備の場面でブロッカーとしてプレーに加わる。ブロックができないセッターはチームの穴となり、相手スパイカーに狙われるので確実にマスターする必要がある。

ポイントは、サイドからのスパイクに対応する素早いステップだ。2歩での移動が基本で、進み足、反対の足の順で踏み込む。スパイカーに向かってややふくらみながら入っていき、ステップを助走にしてハイジャンプする。ステップの勢いで体が流れないように、真上に跳ぶことが大切。腕は両腕を揃えて、ナナメ前に伸ばす。

なお移動の必要がない場面では、その場でヒザを曲げて準備姿勢をとり、ネットとしっかり正対してジャンプする。

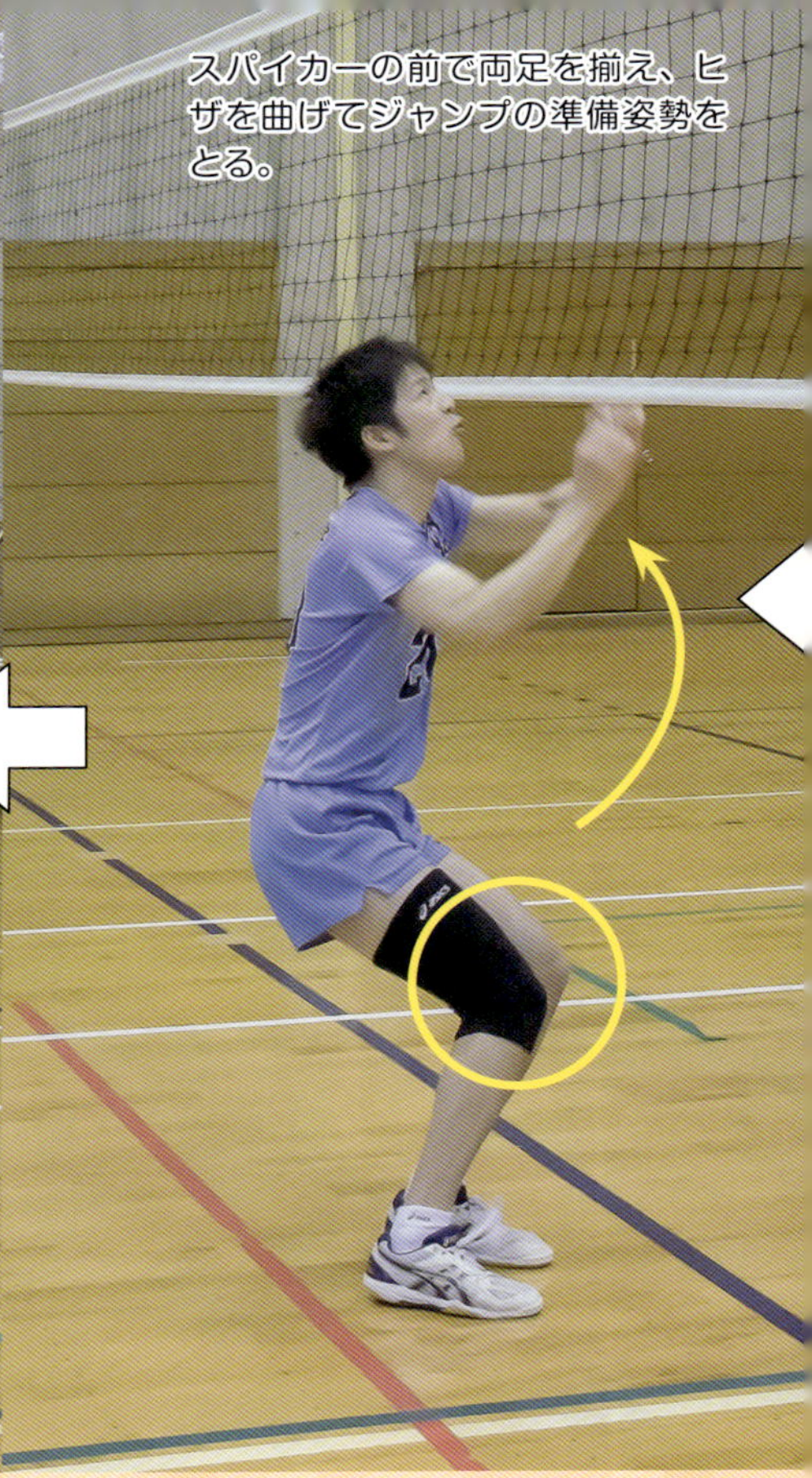

スパイカーの前で両足を揃え、ヒザを曲げてジャンプの準備姿勢をとる。

POINT 3

ネットと正対して真上にジャンプし、腕は揃えてナナメ前へ。

連係力UP POINT

① ふくらむように一歩目を踏み込む
② 勢いをつけてジャンプの助走
③ ネットと正対して高くジャンプ

プラス1 セッターテク

手のひらは指を揃えたまごの形を作る

　ブロックでは手の指を伸ばして揃える。指を開いてしまうとスパイクのボールの衝撃でケガを負いやすいので、たまごの形にして動作しよう。指の感触が重視されるセッターは、特に意識しなければならない部分だ。また、腕をスパイカーの腕の振りに合わせて左右に動かせると良い。

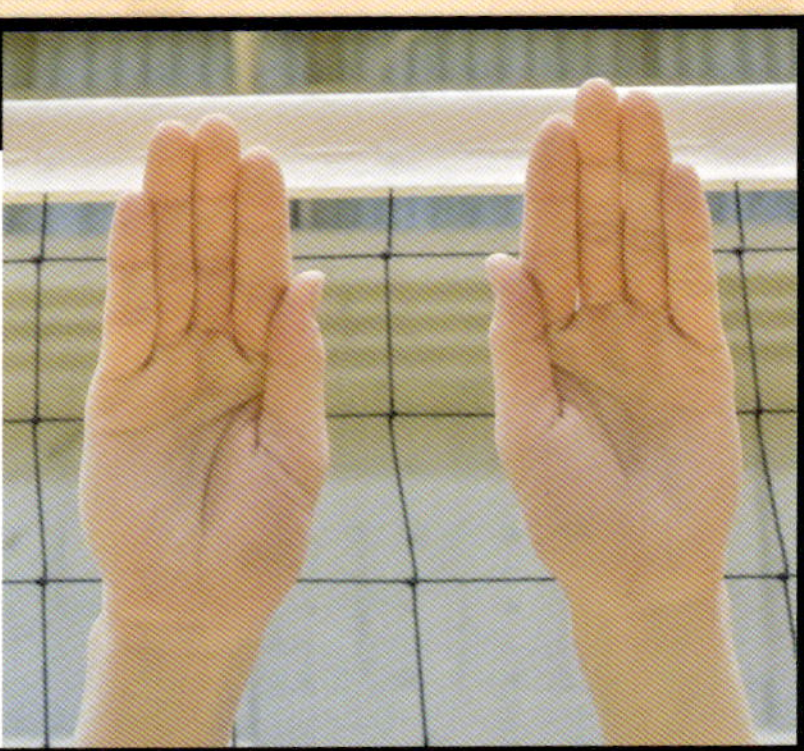

コツ28

スパイクをシャットアウトする複数枚ブロック
呼吸を合わせて隙間のない壁を作る

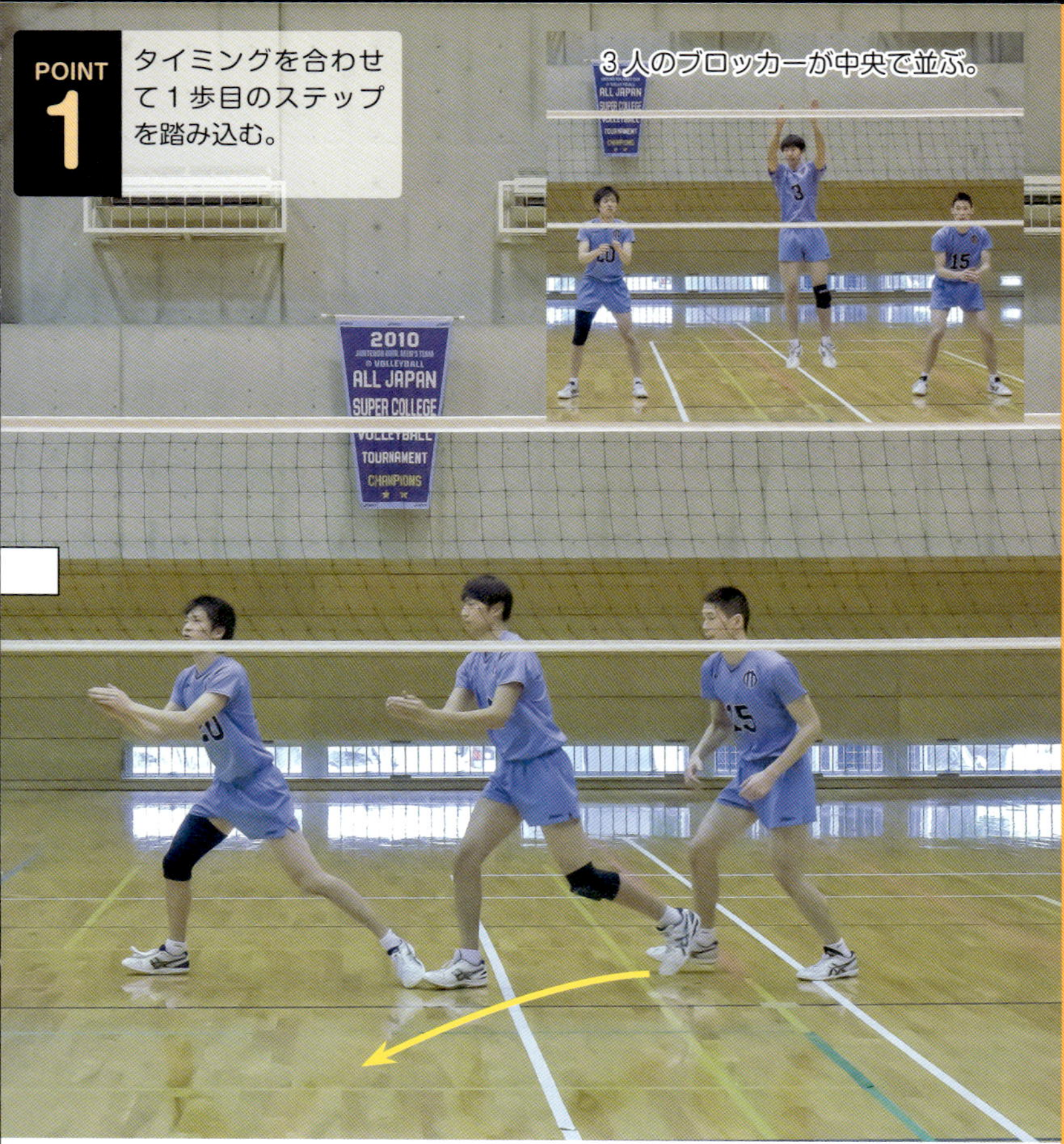

POINT 1 タイミングを合わせて1歩目のステップを踏み込む。

3人のブロッカーが中央で並ぶ。

固い壁を作って攻撃を防ぐ コンビネーションが身につく

スパイクをシャットアウトするなら、2枚以上のブロックが必要だ。大きな壁を相手スパイカーの前で作ることにより、スパイクのコースを消すことができる。狭いところを通されたとしても、限定されるのでレシーバーが拾いやすくなる。

しかし、壁に隙間が空いていると思わぬコースに打たれて失点してしまう。**複数枚のブロックでは、穴のない壁を作ることが最重要だ。そのためには、ぴったりと横並びでジャンプできるコンビネーションが求められる。**声を出し合って、距離感とタイミングを調整することがポイントになる。

なお、複数枚ブロックには2枚と3枚があるが、どちらも動作は同じ。枚数が増えればそれだけ合わせる難易度が上がる。

POINT 2 同じ距離感を保って、横並びのまま２歩目を踏み込む。

POINT 3 同時にジャンプして隙間のない壁を作る。逆サイドでも同じ動作。

連係力 UP POINT

① 同じタイミングで助走を行う
② 距離を保ってステップする
③ ぴったりと横並びになってブロックを形成する

プラス1 セッターテク

大型セッターは センターブロックも可能

身長のある大型のセッターであれば、ブロッカー陣の中央を担うセンターブロックもこなせる。センター、レフト、ライトの全ての位置でブロックに参加する守備における重要ポジションとなる。それだけに負担も大きいため、セッターが担うのはサイドブロックが基本だ。

コツ29

相手のトスワークに対応する縦のブロック

移動攻撃を防ぐブロックフォーメーション

POINT 1 センターブロックがセンターからのクイック攻撃をマーク。

POINT 2 レフトのサイドブロックがセンターブロックの後ろから回り込む。

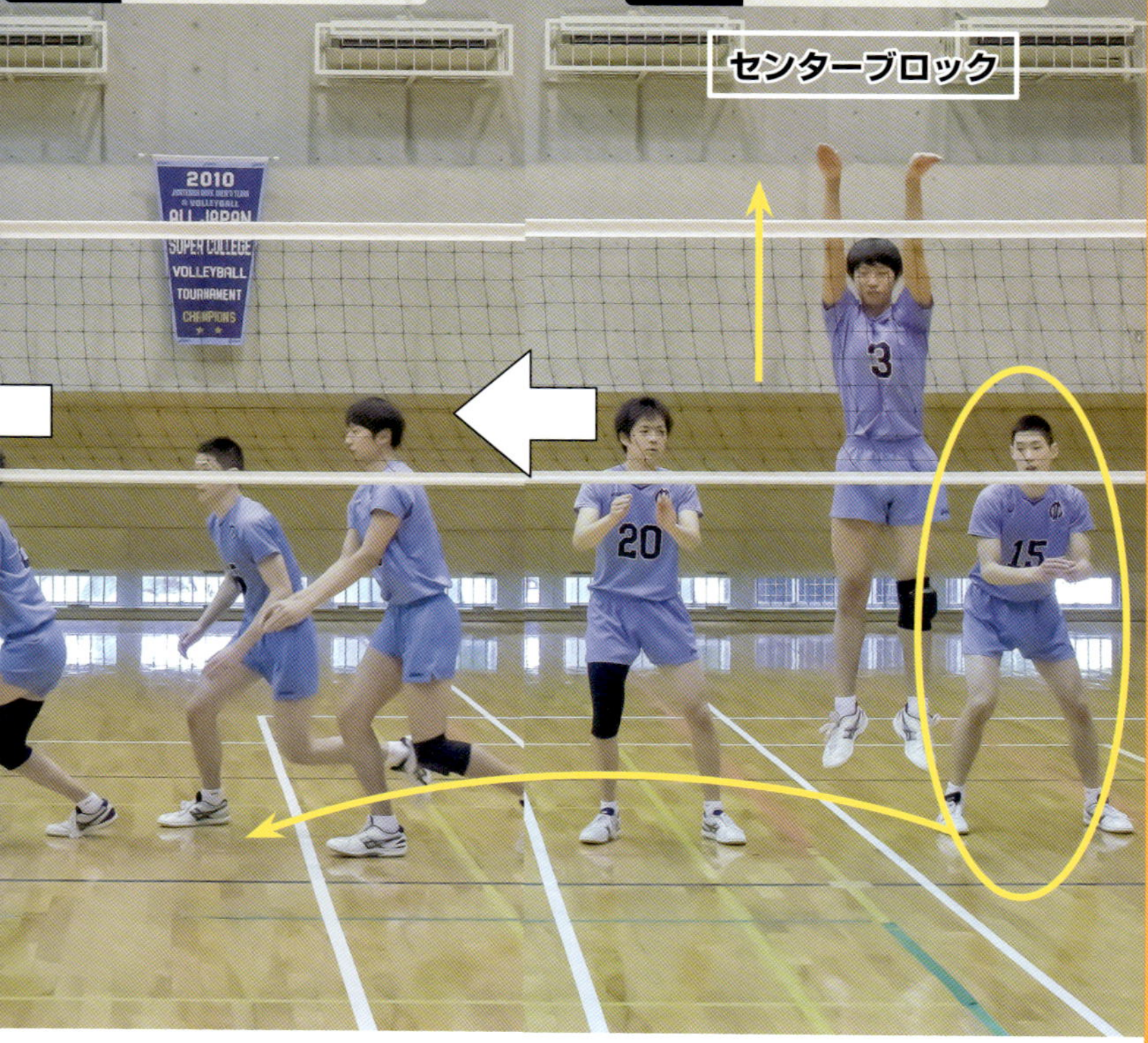

役割分担をすることでブロックの対応力が高まる

クイック攻撃や移動攻撃といったブロックを外す攻撃には、ネット際に立つセンターブロックを頂点に、両サイドブロックが1歩後ろに下がって三角形の特殊なフォーメーションを組むことで対応できる。センターからのクイック攻撃をセンターブロックがマークし、両サイドブロックはトスの軌道を見てブロックする。

横並びだとサイドに上がったトスを対角のサイドブロックが追いかける場合、センターブロックが邪魔になってしまうが、前後に幅を持たせているのでセンターブロックの後ろから回り込むことができる。このテクニックを、縦のブロックという。

なおセンターブロックは着地からすぐさま後に続き、サイドブロックとして3枚ブロックに参加する。

POINT 3 初期ポジションのレフトとセンターが入れ替わった形で並ぶ。

3枚ブロックでライト側からの攻撃に対応する。

連係力UP POINT

① センターがクイックをブロック
② 両サイドが回り込んでトスアップに対応する
③ 3枚ブロックでサイドからのスパイクをブロックできる

プラス1 セッターテク

センターと両サイドで三角形を形成する

横並びになるブロックフォーメーションは、センターブロックが跳んだら一方のサイドブロックが無力化されるおそれがある。センターをネット際、両サイドを1歩後ろにする三角形のフォーメーションを作ることで対応力がアップする。役割分担を明確にして固い守備を形成しよう。

コツ 30

低いブロックを回避して相手の狙いの裏をかく

ブロックに意図的に参加しない集中ブロック

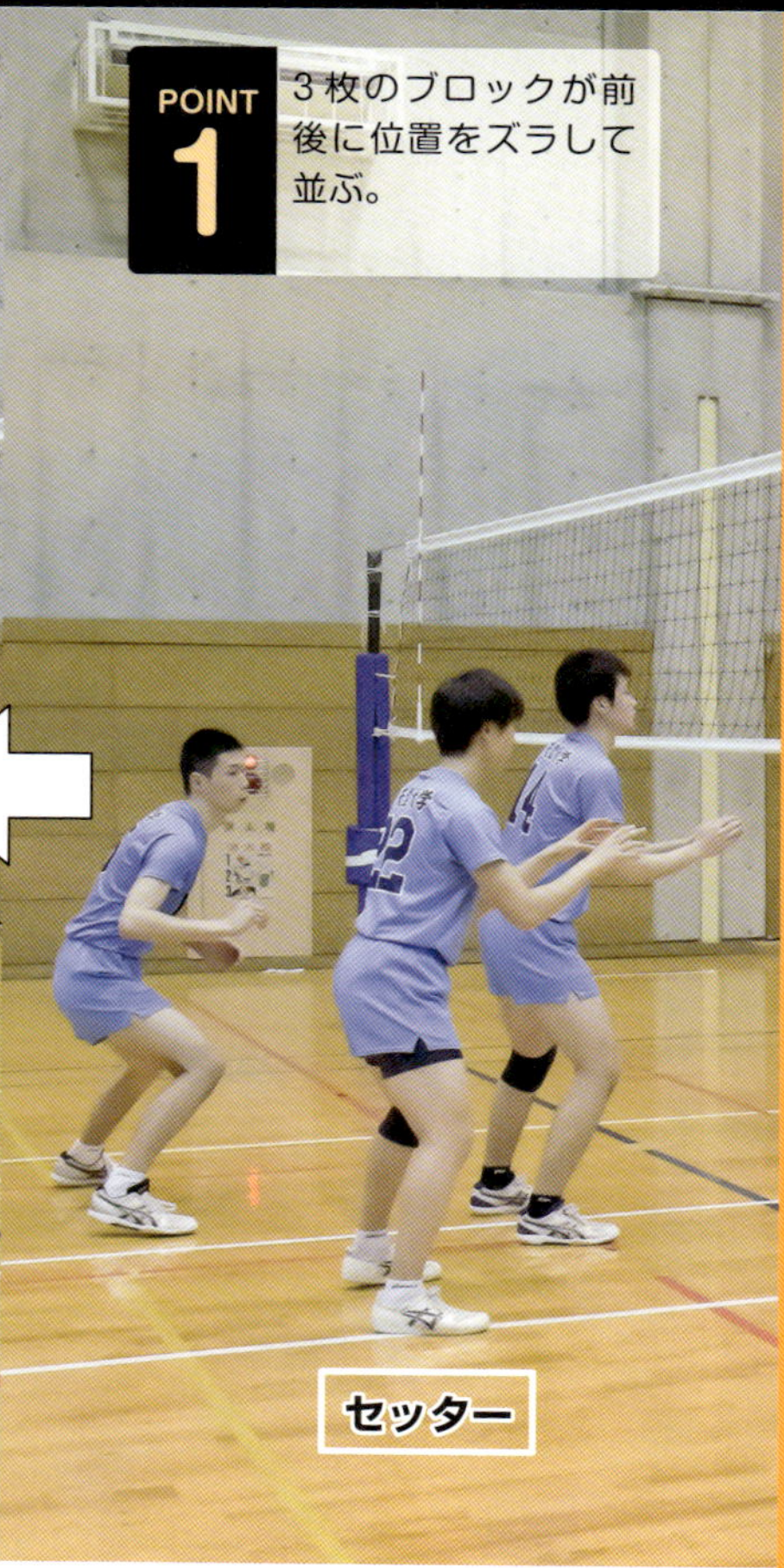

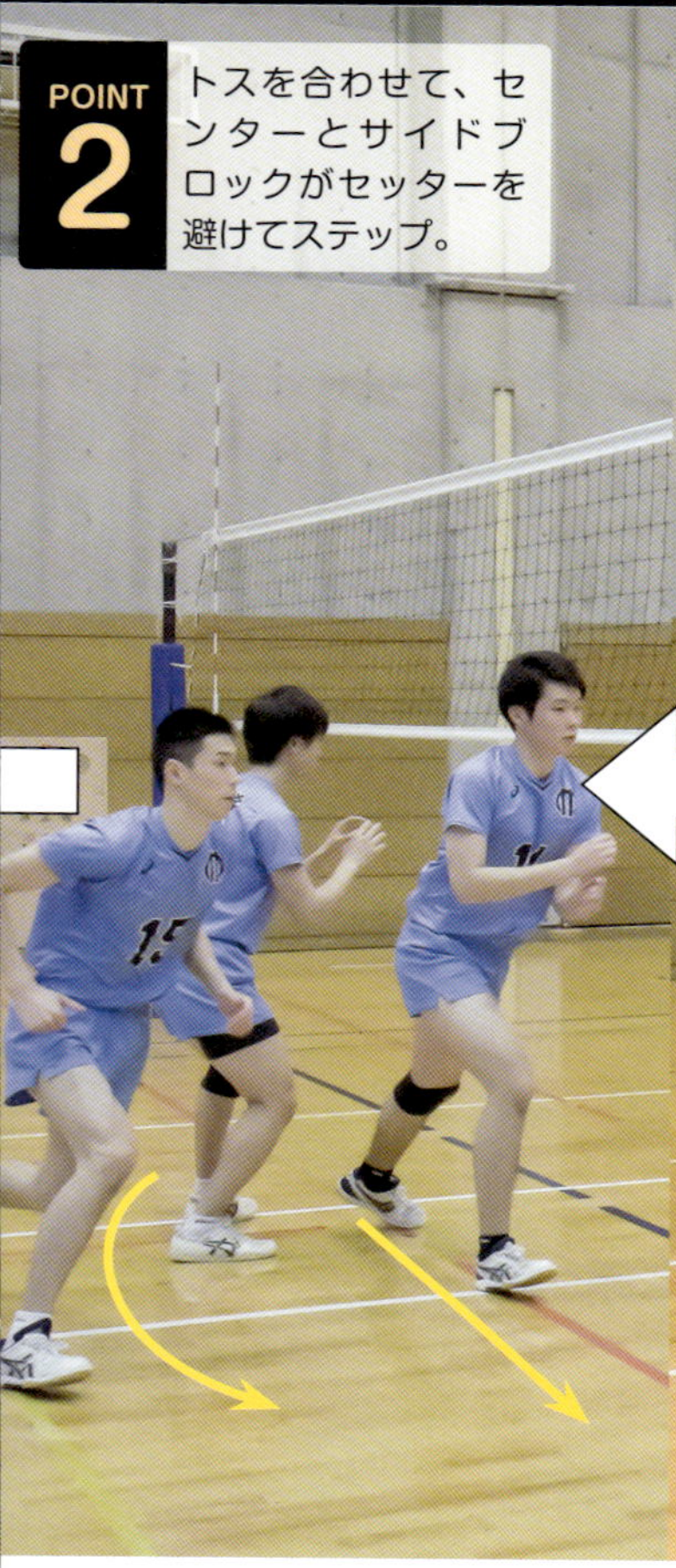

あえてブロックから外れる戦術的なテクニックが身につく

高さやブロック技術の低いセッターだと、相手のスパイクのターゲットにされる。そのまま好きに打たせていては、失点がかさむばかり。集中ブロックで対応し、穴を埋めると効果的だ。

3枚のブロックがそれぞれ前後位置をズラして立ち、セッターの立つライト側にトスが上がったら、**センターブロックとサイドブロックがそれぞれセッター（ライトブロック）を避けてステップし、2枚ブロックで対応する。**セッターはレフトへ移動し、相手のレフト側へのトスなどを警戒する。セッターの立つライト側は相手にとってのレフトであり、エースポジションなので最もトスが上がることが多いといえる。相手の狙いどころとなるコースを、効果的に抑えることができる。

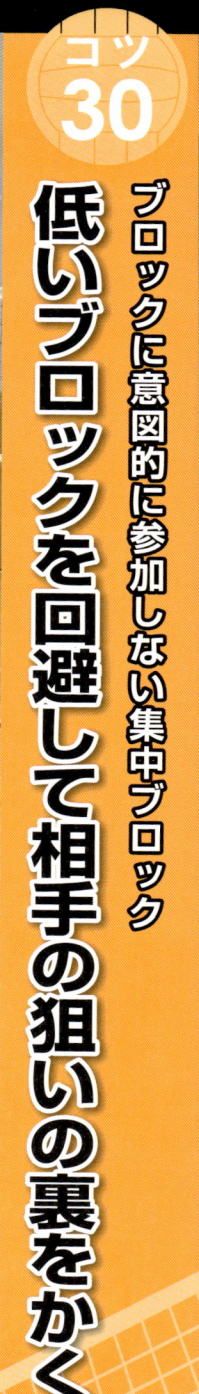

POINT 3 ２枚ブロックで相手レフトスパイカーを抑える。

連係力 UP POINT

① １人のプレーヤーを残すフォーメーション
② セッターを残してステップ
③ ２枚のブロックでスパイクを防ぐ

プラス1 セッターテク

前後に位置をズラし それぞれのルートを作る

集中ブロックでは、それぞれがスムーズに動けるように初期ポジションを前後にややズラす。正面からは横並びに見えるが、列になっているのでセッターが邪魔にならずにセンターブロックとサイドブロックがライト側へとステップできる。セッターは逆側へと動いて別の攻撃パターンを警戒。

コツ
31

手を上向きに伸ばしてブロックする

スパイクの威力を落とすワンタッチブロック

連係力 UP POINT

① 高いスパイカーに対して有効な技術
② 上向きに面を作ってとらえる
③ ワンタッチしたら声を出す

高打点のスパイクに対応する技術が身につく

ブロックでは相手のスパイクを、シャットアウトして得点できることが理想だ。しかし高打点から打ち込まれるスパイクを、しっかりとミートして真下に落とすのは難しい。相手スパイカーと自身の高さ、ブロック力を見極めて、シャットアウトできる可能性が低いと判断したらワンタッチブロックに切り替えると良い。

スパイクを叩き落とすのではなく、手に当てることで威力を減少させるテクニックで、レシーバーが拾いやすくなる効果がある。自陣コートの後方へと飛ばすことができれば、ダイレクトのスパイクよりも反応しやすくなり、ボールをつないで失点を防げるのだ。一方で、ワンタッチアウトになる危険もあるので注意しよう。

POINT 1 打点の高いスパイカーには腕を上に伸ばしてブロック

シャットアウトを狙うブロックでは、腕をナナメ前に出すのがセオリー。しかし腕に角度をつけると、その分手の位置が下がる。高打点のスパイカーを相手にした場合、上を抜かれるなどボールを落とせなくなるので、腕を上に伸ばすワンタッチブロックが有効となる。

POINT 2 手の平をやや上向きにして面を作る

ワンタッチブロックでは、手のひらをやや上向きに構える。スパイクの打点に向けて面を作ることによって、上から打たれるボールをとらえやすくなる。スパイクの威力を弱め、自陣後方にゆるい軌道で落とせることが理想。指はブロックのセオリー通りたまごの形にする。

POINT 3 ボールに触れたらレシーバーに伝える

スパイクに触れることができたら、「ワンタッチ！」など声を出してレシーバーに伝える。ワンタッチブロックではレシーバーとの連係が重要になり、後方に大きく飛ばされたボールを拾うために、一人のレシーバーを後方で構えさせるフォーメーションを敷くのも効果的だ。

プラス1 セッターテク

ワンタッチを狙いつつタイミングを合わせていく

高打点のスパイクであっても、何度もブロックジャンプをしていれば徐々にタイミングが合ってくるもの。ワンタッチブロックを狙いつつも、タイミングがスパイクを合ってきたらシャットアウトを狙うのも方法のひとつ。スパイクを叩き落とすことをイメージしながらプレーしよう。

コツ
32

スパイクのコースを限定するブロックテクニック

スパイクをリベロのいるコースに誘導する

連係力 UP POINT

① クロスを空けてリベロに向けて打たせる
② ストレートを空けてスパイクを拾う

スパイクレシーブの成功率を上げることができる

ブロックに対して、相手スパイカーは壁のワキを抜こうとしてくる。その狙いを逆手にとって、スパイクのコースを限定し誘導すれば、スパイクレシーブの成功率がアップする。ポイントは、クロスとストレートのどちらかのコースに寄せてジャンプすること。一方を完全に封じれば、スパイカーは逆側に打たざるを得ず、レシーバーはコースを予想することができる。

このとき、守備に特化したポジションであるリベロのプレーヤーがいる方向に、スパイクを誘導することがセオリー。壁のサイズが充分ではない2枚以下のブロックの場面で、テクニックを実践しよう。コースの打ち分けに難があるスパイカー対策や試合展開から予想して繰り出すこともできる。

POINT 1 クロスを意図的に空けてリベロの方向に打たせる

コースを限定するブロックで、スパイクをクロスへ誘導する場合には、ストレート側に寄ってブロックする。ボールの正面に入るようにジャンプすると、スパイカーは角度をつけざるを得なくなり、ストレートを封じることができる。体を寄せすぎると、狙える範囲が大きくなってスパイクレシーブが難しくなるので注意が必要だ。相手にとって嫌なポジションをとる意識で、リベロへとスパイクを打たせよう。

POINT 2 内側に寄ってブロックしストレートに誘導する

ストレートへと誘導する場合には、コートの内側へ寄ってポジションをとる。クロスのコースに体を入れ込むようにブロックし、正面にスパイクを打たせる。このとき、腕の端に当てられて失点するワンタッチアウトには充分注意しよう。リベロがライト側（相手のレフト）からのスパイクに対してストレートを守ることはあまりないが、守備力のあるプレーヤーが後衛にいる場面などでも、コース限定のブロックは有効となる。

コツ33

ツーアタックでしかけるフェイント

トスと見せかけてボールを落とす

連係力 UP POINT

① トスと同じ動きでフェイント
② ボールは左手で落とす
③ コート中央に落ちるようにコントロール

相手の不意をついて攻撃する技術が身につく

2本目で攻撃するツーアタックは、セッターが直接攻撃をしかけるテクニックだ。トスを上げると見せかけて、相手コートにフェイントでボールを落とすことで、基本の3段攻撃がくると待ち構える相手の不意をついて得点できる。ポイントは、トスの構えをとって充分に引きつけること。トスアップと同じフォームから、ツーアタックフェイントをしかけよう。

繰り出すタイミングが重要で、多用しすぎると読まれてしまう。ツーアタックの選択肢が相手の頭にないところを見計らって、ボールを流し込むと効果的だ。それだけに「ここぞ」の場面がチャンスといえる。勇気を持ってツーアタックをしかけられる度胸もセッターに求められる要素だ。

POINT 1 トスアップと同一のフォームで繰り出す

ツーアタックのフェイントは、相手の不意をつくことが最重要なテクニック。通常のジャンプトスと同じフォームで、ボールを流し込むギリギリまで動作して引きつける。ボールに勢いがないので、読まれると拾われてしまう。相手をあざむくことを重視してプレーしよう。

POINT 2 左手を使ってボールをコントロール

ボールのコントロールは、左手を使うのがセオリー。落下してくるボールに合わせて左腕を伸ばし、軽いタッチでフェイントを落とす。腕をスイングした拍子に、ネットタッチしてしまわないように注意しよう。最小限の動きで攻撃することを意識しよう。

POINT 3 コートの中央にボールを落とす

ツーアタックフェイントは読まれない限り防がれづらいテクニックだが、ゆるい軌道になると反応の良いレシーバーには拾われる。相手コートの中央に落とすようなイメージでコントロールしよう。レシーブフォーメーションのスペースを狙う。

プラス1 セッターテク

左腕が上がると相手に読まれる

両腕の動きがちぐはぐだと、相手に読まれて拾われてしまうので注意。ツーアタックを繰り出す気持ちが強すぎると、より早くボールに触れようと左腕が伸びる傾向がある。トスアップとは明らかに違う動きとなり、ツーアタックが失敗する。不意をつくための動作を徹底しよう。

コツ
34

トスに見せかけてスパイクを打ち込む

ツーアタックでしかけるスパイク

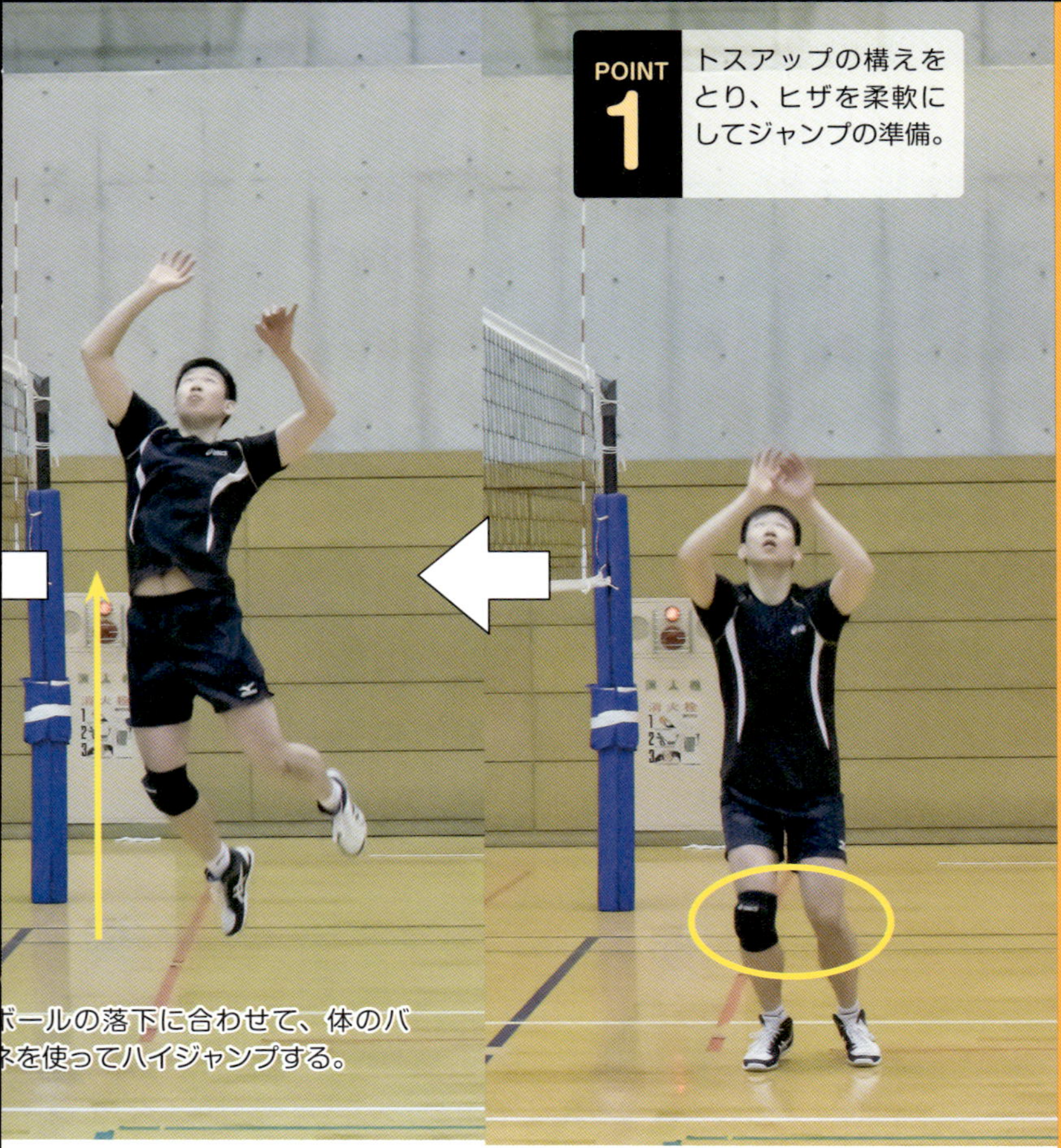

POINT 1

トスアップの構えをとり、ヒザを柔軟にしてジャンプの準備。

ボールの落下に合わせて、体のバネを使ってハイジャンプする。

強烈なツーアタックで得点能力が上がる

ツーアタックの基本は相手の裏をかくフェイントだ。強く打つよりもコントロールを重視する。しかし左利き、または逆腕の操作能力の高いセッターであれば、ツーアタックでスパイクを打ち込むことができる。相手の不意をつくタイミングでのスパイクは非常に効果的で、ブロックがつくことも少ないため高確率で得点できる。

通常のスパイクのように充分な助走がとれないので、ヒザを柔軟に体のバネを使ってハイジャンプすることが重要。空中でトスアップの体勢からスパイクに移行し、体をひねってボールをインパクトする。高い打点から打ち込み、相手コートの空いているスペースにボールを落とそう。

POINT 2
空中で体をひねりながら、スパイクのフォームに移行する。

POINT 3
左手でボールを強打し、相手コートにスパイクを叩き込む。

連係力 UP POINT

① ヒザを使って高くジャンプする
② 空中でスパイクのフォームへ移行
③ 左腕でスパイクを打ち込む

プラス1 セッターテク

スパイクをコーナーにコントロールする

不意をついての強打であるツーアタックスパイクは、ブロックがつけない強力な攻撃だ。スパイクは、コーナーを狙って打ち込むとより効果的。反応しづらく拾うことが難しい攻撃となり、優秀なレシーバーが相手でも得点を奪える。

コツ35

ストレートに打ち込むツーアタックスパイク

ツースパイクのコースを打ち分ける

POINT 1 高くジャンプし、体をひねってスパイクのフォームに移行。

トスアップの構えでボールの落下点に入る。

スパイクの打ち分けをマスターできる

ツーアタックスパイクはそれだけで効果的なテクニックだが、コースの打ち分けもマスターできると威力がさらにアップする。レフトの方向に体を向けていることからコースはクロスが打ちやすく、意識せずに打てばクロスの方向へボールが飛ぶだろう。反対に背中側となるストレートは難易度が高く、コントロールするためには体の回旋がポイントになる。空中で体をねじり、ネットと正対する体勢をとろう。これによりコースの幅が広がり、ストレートへ鋭くスパイクを打ち込めるようになる。

ツーアタックでスパイクを打てるセッターは、相手ブロックにマークされる。自分の存在によってブロックを分散できれば、トスワークの自由度も上がる。

POINT 2 空中でネットと正対し、ボールをインパクトする。

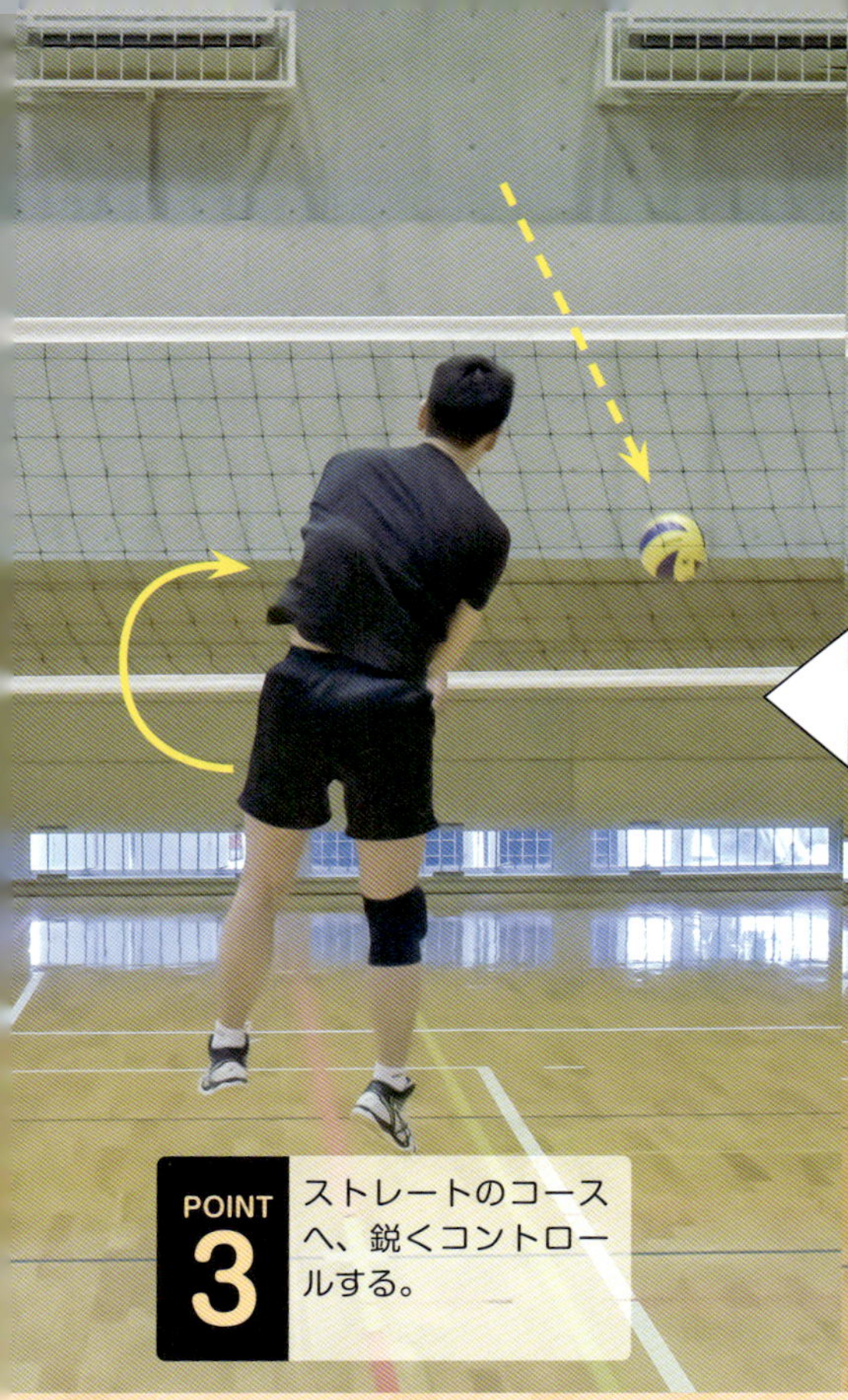

POINT 3 ストレートのコースへ、鋭くコントロールする。

連係力 UP POINT

① 空中でスパイクのフォームへと移行する
② ネットと正対してインパクトする
③ ストレートコースへスパイクを打ち込む

プラス1 セッターテク

1枚ブロックを外せるだけの打ち分けの技術が理想

ツーアタックスパイクは、ブロック1枚分の幅をクロスとストレートで打ち分けられると良い。ブロックにつかれたとしても、コントロールで外せるようになる。セッターに攻撃力が備わっていると、チーム戦術の幅を広げることができるので、スパイクの技術を身につけよう。

コツ
36

ボールをつなぐスパイクレシーブ

守備のフォーメーションを使い分ける

連係力 UP POINT

① スタンダードな三角形型
② ストレートに強い逆三角形型

状況に合わせたポジションでレシーブができる

トスを上げることがセッターが担うメインの役割だが、相手に攻撃をしかけられたときはレシーブでボールをつなぐことを忘れてはならない。安定的な守備がなければ攻撃を組み立てることはできないので、セッターもレシーブの意識を高く持つ必要がある。守備の能力がないと、レシーブの穴になって相手に狙われることもある。

セッターがレシーブをするのは主に、後衛時のスパイクに対する守備の場面だ。スパイクレシーブでは後衛の3人でフォーメーションを組み、コート上のスペースを埋め合うことがセオリー。「三角形型」と「逆三角形型」の2種類が基本で、他の後衛2プレーヤーと連係し、状況に合わせたポジションに素早く入ることが重要だ。

POINT 1 広範囲をカバーできる三角形型のフォーメーション

スパイカーから見て後衛の３プレーヤーが三角形になるのが、三角形型のスパイクレシーブフォーメーションだ。クロスとストレートコースの、アタックラインから後方に１人ずつ、スパイカーと対角のさらに１mほど後方に１人が立つ。互いにカバーし合うことで、コート全域を守れる基本のフォーメーションとなる。

対応力が高いため、クイックなど速い攻撃も拾いやすく、後方のプレーヤーの存在によってワンタッチボールもつなげる。フェイントを落とされた場面では、両サイドのうちブロックの裏側のプレーヤーが拾う。トップレベルでは多くのチームが三角形型を採用しており、マンダウンフォーメーションとも呼ばれる。

プラス1 セッターテク

強打は腕に当てるだけ フットワークで反応する

スパイクを受けるレシーブでは、アンダーハンドの構えをとって待ち構える。速さと威力があるボールは精密なコントロールは難しいので、腕を固定して受け、上げることに集中する。低い姿勢でヒザを柔軟にし、軽いフットワークで素早く反応できるように準備することも大切だ。

POINT 2 ストレートコースに対応する逆三角形型フォーメーション

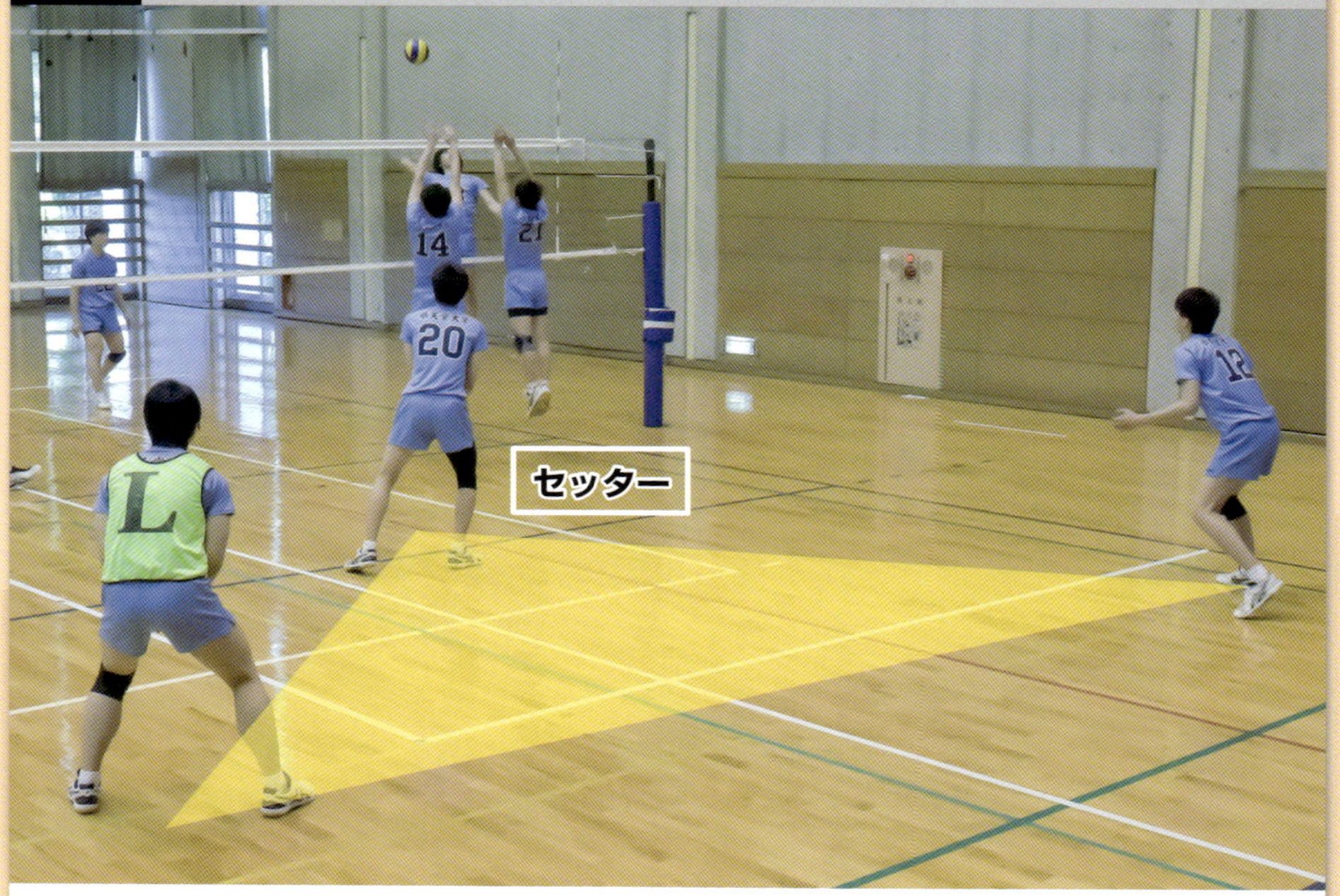

ストレートとクロスのコースの深い位置にそれぞれ１人、ブロック裏のコート中央あたりに１人が入り、後衛の３プレーヤーがスパイカーから見て逆三角形に並ぶのが逆三角形型のフォーメーションだ。１人が前に位置するため、ワンアップフォーメーションとも呼ばれる。

このフォーメーションが有効なのは、味方のストレート側のブロックが低い、相手スパイカーがエース級など、ストレートに強いスパイクを打たれる危険性がある場面。三角形型では位置が浅すぎて反応できないので、やや後方で構えてレシーブする。

ローテーションの状況などから判断し、後衛で連係して三角形型から逆三角形型に素早く切り替えられると守備力が高まる。

プラス1 セッターテク

前のプレーヤーは ブロックカバーをする

逆三角形のフォーメーションにおいてセッターは、前に入ることが多い。このポジションの役割はブロックカバーがメインで、フェイントやワンタッチで弾かれたボールを拾う。ブロックから近い位置はボールを目で追いづらいので、視野を確保しながらプレーすることが大切だ。

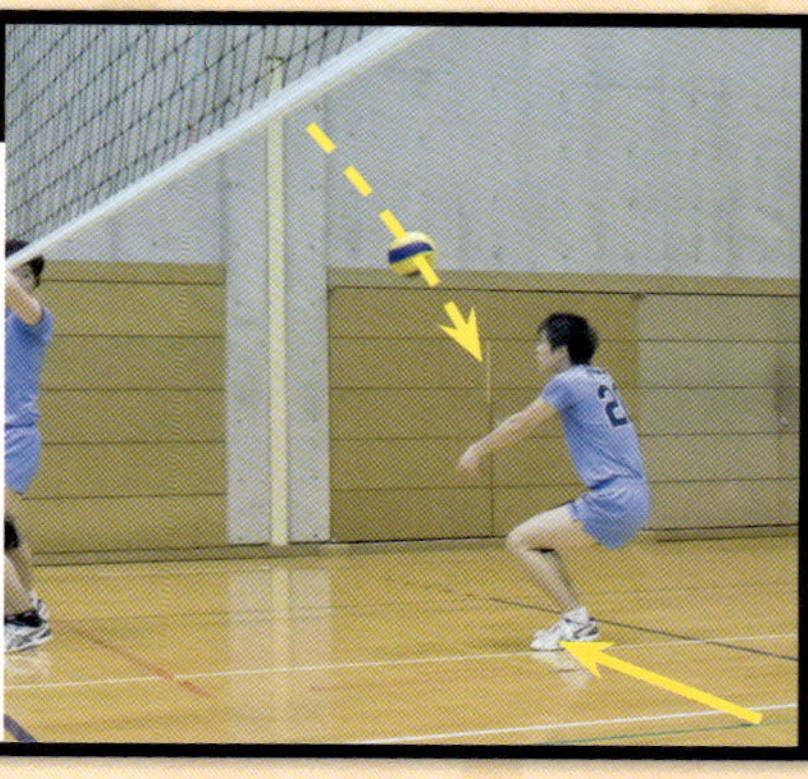

PART4

セッターに必要な技術・筋力を養う

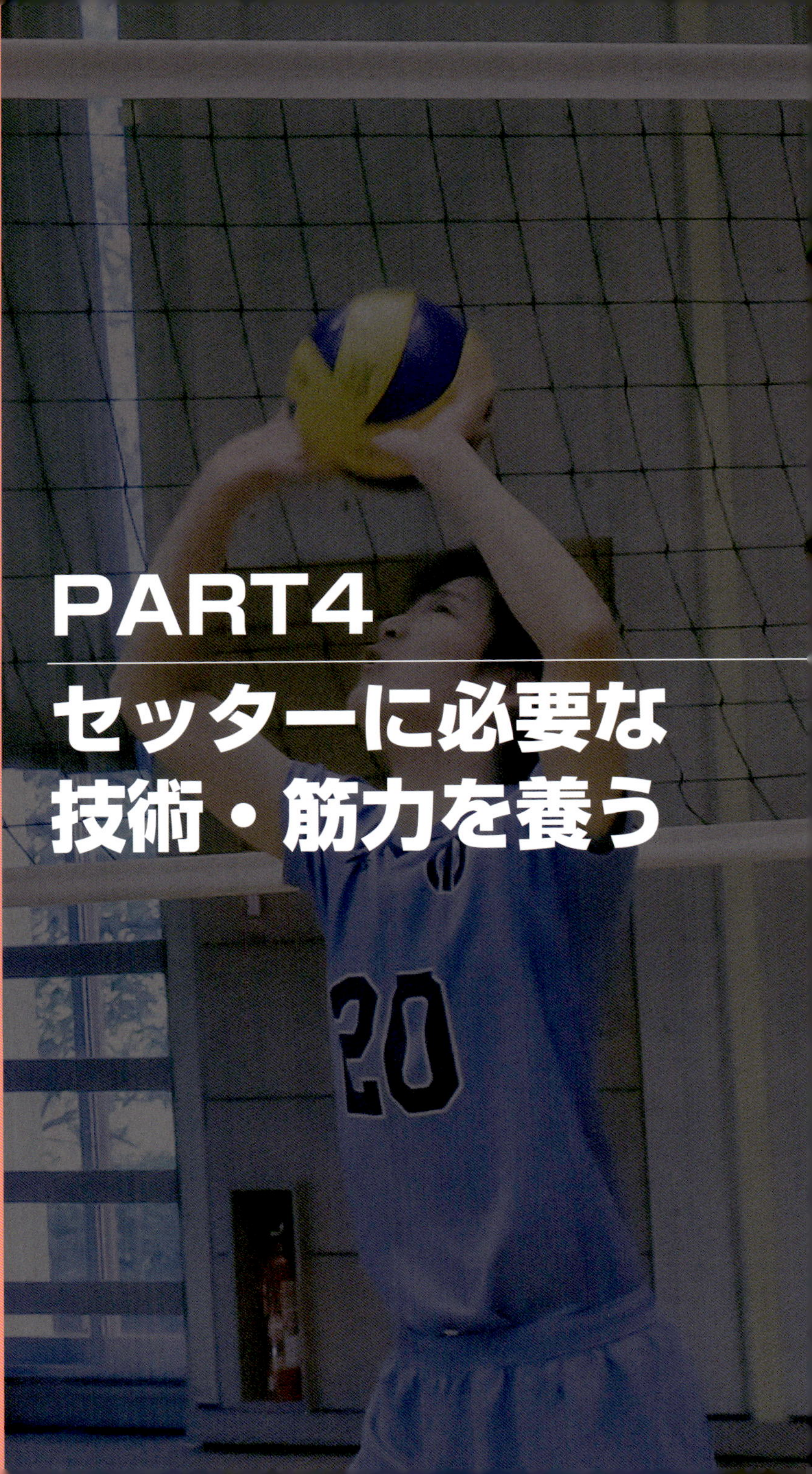

コツ
37

体の調子を整えるウォーミングアップ
壁打ちとストレッチでプレーの準備をする

連係力 UP POINT

① トスで壁打ちをする
② 下半身をストレッチ
③ 体の裏側を伸ばす
④ 胴体部をストレッチ

練習や試合にベストなコンディションでのぞめる

バレーボールはスピーディな動作とハイジャンプを、連続して行うハードなスポーツだ。しっかりと準備をすることが大切で、ウォーミングアップをして体を温めればケガを予防することができる。また、柔軟性を得ることによって動作の精度も高めることができる。

セッターのウォーミングアップとして一般的なのが、オーバーハンドパスでの壁打ち。指の感触の確認にもなる。加えて、ストレッチは欠かせない。筋肉と関節を呼吸をともなってゆっくりと行う動作は、コンディショニングと体のケアに有効。血行を促進して疲労物質の除去を速める効果もあるため、クールダウンにも最適。プレーの前後に取り組む習慣をつけよう。

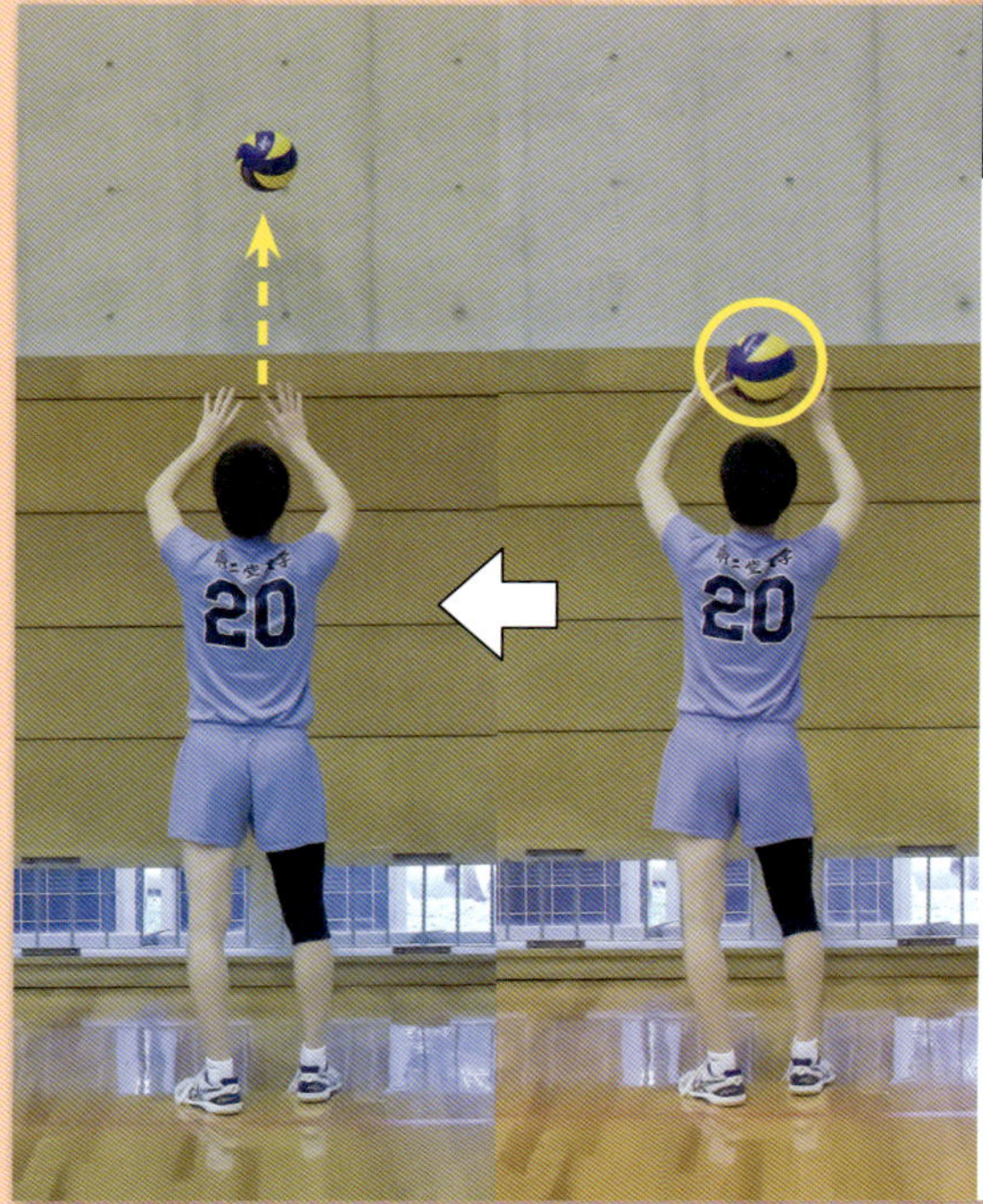

POINT 1 壁に向かってオーバーハンドパス

バレーボールの壁打ちといえば、スパイクの要領でボールに回転をかける方法が一般的。しかしセッターはトスをするポジションなので、オーバーハンドパスで壁打ちをする。

壁と大股2歩分ほどの近い距離感で正対し、体が温まるまでボールを連続して当てる。ウォーミングアップなので難しいことをする必要はない。指の感触に意識を集め、コンディションをチェックしよう。

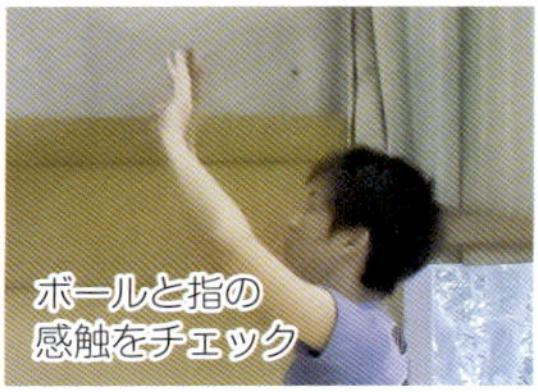

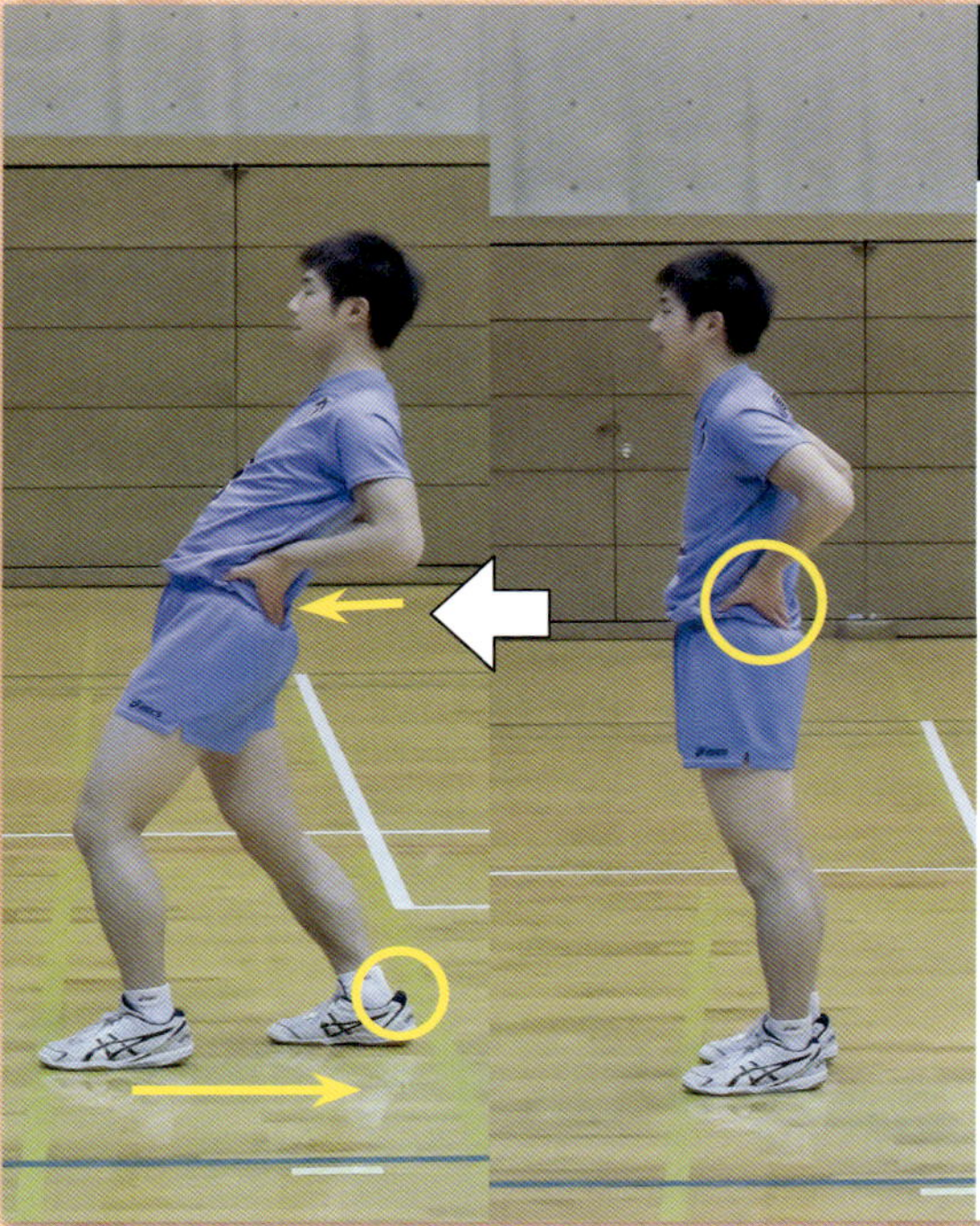

POINT 2 アキレス腱と腹周りのストレッチ

直立の姿勢をとり、両手をそれぞれ腰に当てる。一方の足を後方に踏み込み、前に重心をかける。このとき、後ろの足のカカトが浮かないように注意し、アキレス腱を伸ばす。走る・跳ぶといった機動力に関わる部位なので、ジャンプトスやブロックなどジャンプの回数が特に多いセッターは、入念にストレッチするべきだ。

同時に、両手で腰を前に押し込むように力をかける。腹筋が伸びて、腹周りのストレッチになる。効いていると感じるところで10～20秒ほどキープしたら、逆足も同様に行って左右均等に伸ばす。

POINT 3 体の裏側を伸ばす「超屈伸」ストレッチ

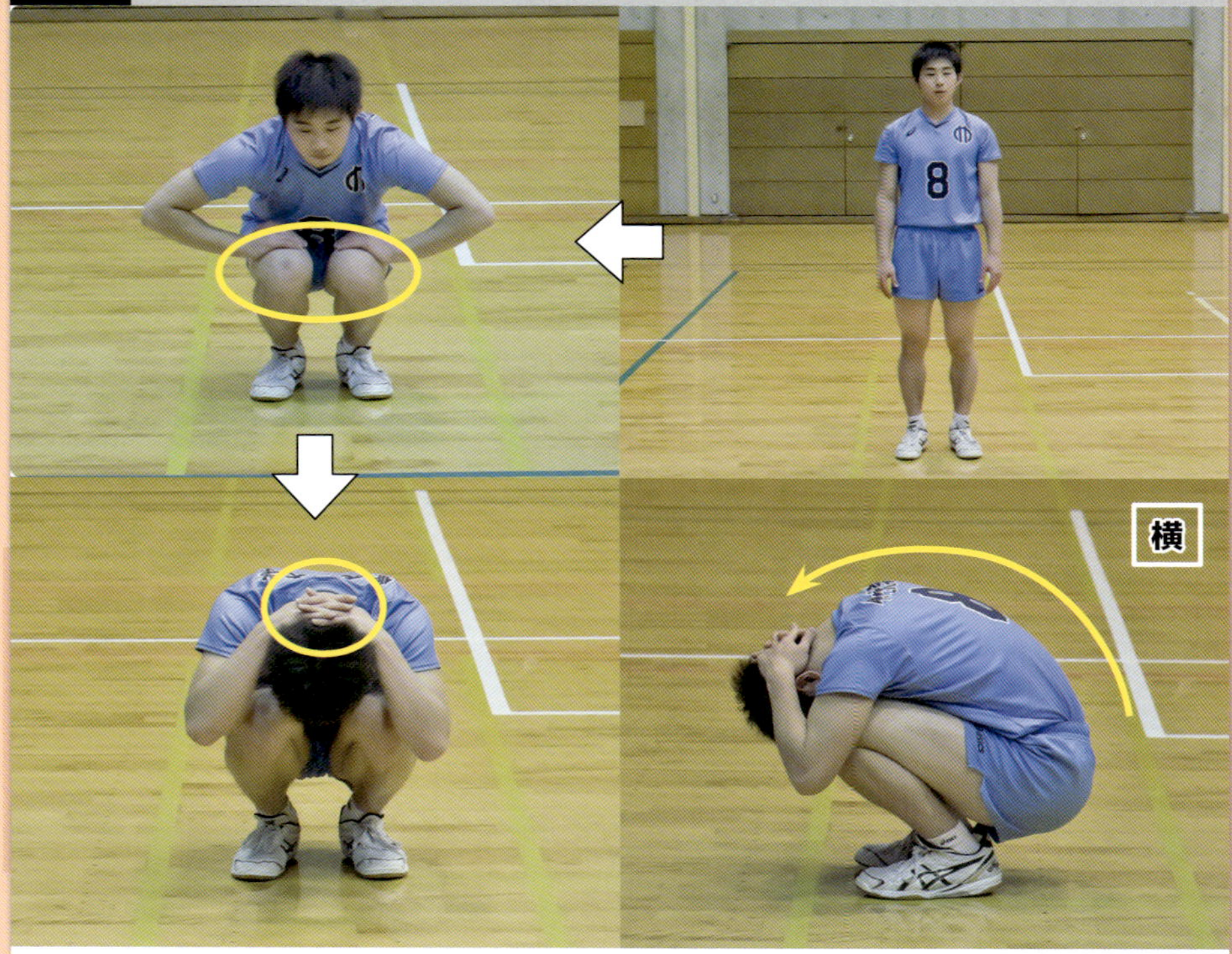

直立から、両ヒザを曲げて腰を落とす。両手を後頭部で組み、下方向に力をかける。背中が丸まり、小さくうずくまった姿勢となる。このストレッチを超屈伸といい、アキレス腱、ヒザ、腰、首、背中と、体の裏側を広い範囲伸ばすことができる。ジャンプの着地による腰やヒザの負担の軽減につながる。効いていると感じているところで10～20秒キープ。

プラス1 セッターテク

カカトが浮くとアキレス腱が伸びない

腕を使って頭を下げる動作では、重心が前傾しやすいので注意。カカトが浮いてしまうと、アキレス腱へのストレッチ効果が得られない。体勢を安定させることを意識して、バランスが崩れないようにキープしよう。足裏全体で体を支えるイメージでストレッチをすると良い。

POINT 4 上半身を回して伸ばす回旋ストレッチ

肩幅よりやや広い足幅で直立し、両腕を伸ばし頭の上で両手を組む。一直線の姿勢から、手で大きな円を描くイメージで、横方向に上半身を回旋させる。右から下、左、上とゆっくり動かすことがポイント。逆回転も同様に行う。腰をさまざまな方向に動かすことで、乱れたレシーブをトスしての片足着地など、バランスが崩れた状態での動作に対応できる。

プラス1 セッターテク

背中を反らして円を描く

背すじを伸ばした姿勢から、背中を反らして動作することが重要だ。これにより、背中はもちろん腹部の筋肉が収縮してストレッチの効果が増す。このストレッチは、関節部にも働きかける効果がある。関節の柔軟性がアップすれば、動作をよりスムーズにすることができる。

コツ38

リングを使ったトス練習
トスのコントロールを高める

連係力 UP POINT
① 2ヶ所のリングを設置
② 素早く落下点に入る
③ 納得できるまでトスアップ

最重要なトスの精密さが向上する

セッターはトスアップの技術がなくては成り立たないポジションだ。より精密なコントロールを身につけるために、練習に取り組む必要がある。能力を伸ばす練習法として、リングを目標にするトスアップがある。バスケットボールのゴールのような、輪に網のついた道具を用いて、トスアップのポジションからボールをコントロールする。レフトとライトに設置して、2方向を同時に練習すると良い。

トスアップ技術の基本的な練習で、初心者セッターは重点的に行うべき。スパイカーがいらないので、自分のペースで取り組めるメリットもある。まずは平行トスを、リングへ高確率で入れられるようになろう。また中級者以上のセッターにとっても、基本に立ち返る効果的な練習となる。

POINT 1 レフトとライトへ正確にトスアップ

リングを設置する位置は、レフトとライトの2ヶ所。リングの高さをスパイカーの打点に設定し、セッターはトスアップのポジションからそれぞれのリングを狙ってコントロールする。フロントトスとバックトスを、どちらも高精度で上げられる技術はセッターにとって必須。

POINT 2 球出しの乱れにも対応する

コートの中央付近から、球出し役にボールを投げてもらう。球出しのボールが乱れたとしても、素早く落下点に入り正確にトスアップする。トスの技術と同時に、レシーブの乱れへの対応力も身につく。球出しからあえて、ランダムに投げてもらう練習も発展型として考えられる。

POINT 3 納得がいくまで練習に取り組む

体力面のハードさはない練習なので、何度も繰り返しトスアップできるだろう。ポイントは、自分で納得できるトスアップの感触を見つけること。漫然と取り組むのではなく、良いイメージでボールを上げられる動作を模索することが上達の早道となる。

プラス1 セッターテク

道具を使うことで練習の効率アップ

リングは練習道具として市販されているので、バレーボール用品店などで購入することができる。またバレーボールより一回り大きなサイズの輪と網、高さを変えられるポールがあれば自作することも可能。台の上に受け手が立ち、伸ばした手を目標に練習するのも方法のひとつ。

コツ 39

サッカーボールを使ったトス練習

トスの飛距離を伸ばす

連係力 UP POINT

① 二段トスを想定する
② 力強くロングパス
③ ケガに注意して取り組む

重いボールを使うことでロングパスが身につく

試合では、長い距離のトスを上げなければならない場面がある。特に多いのが二段トスで、レシーブがネットから離れた位置に上がることが多いため、通常のトスよりも遠くに飛ばす力が必要になる。二段トスで正確なロングパスができるように、サッカーボールでのパスに取り組もう。

サッカーボールを使ってオーバーハンドパスでキャッチボールをする練習で、バレーボールと同じサイズながら重量があるため、取り組むことでトスの飛距離を伸ばすことができる。バレーボールに戻したとき、軽く感じるはずだ。ボールが重い分、指への負担が大きい練習となる。まだ指の力が不十分な小・中学生のセッターは、テーピングをして取り組もう。

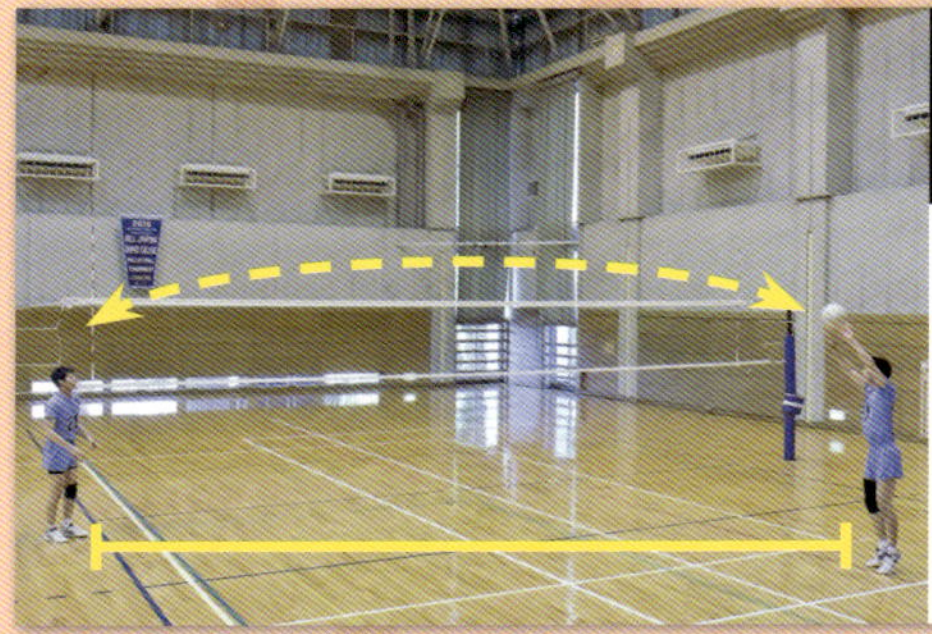

POINT 1 二段トスのポジションでロングパスをする

ロングパス（長い距離のオーバーハンドパス）は、二段トスの場面で使うことが多い。サッカーボールパスでは実戦を想定し、二段トスのポジションである、コート中央からややライト側の位置に立ってサッカーボールをトスする。パートナーはレフトのネット際に立つ。

POINT 2 ボールに充分な力をかけてトスする

通常のボールでの二段トスの力では、サッカーボールをレフトのスパイクポジションに立つパートナーまで届かせることはできない。ヒザを柔軟に、体のバネを使ってボールに力を与えるフォームの基本を強く意識して、通常のトスよりも強く弾き飛ばそう。

POINT 3 指への負担に注意して取り組む

重量のあるボールを使う分、指に負担がかかる練習となる。指を痛めないようにしっかりとボールを包み込んでトスすることはもちろん、回数も少なめでOKだ。普段の練習の合間に、短時間行う程度で良いだろう。試合に近い練習日には取り組むべきではない。

プラス1 セッターテク

サッカーボールの空気を抜いて使う

バレーボールとサッカーボールはほぼ同じサイズなので、同じフォームでトスアップできる。バスケットボールでは、大きすぎてハンドリングが崩れるので注意。サッカーボールはそのままでは固すぎるので、やや空気を抜いて柔らかくする。

コツ40

後方からのボールを上げるトス練習

フォームの安定感を高める

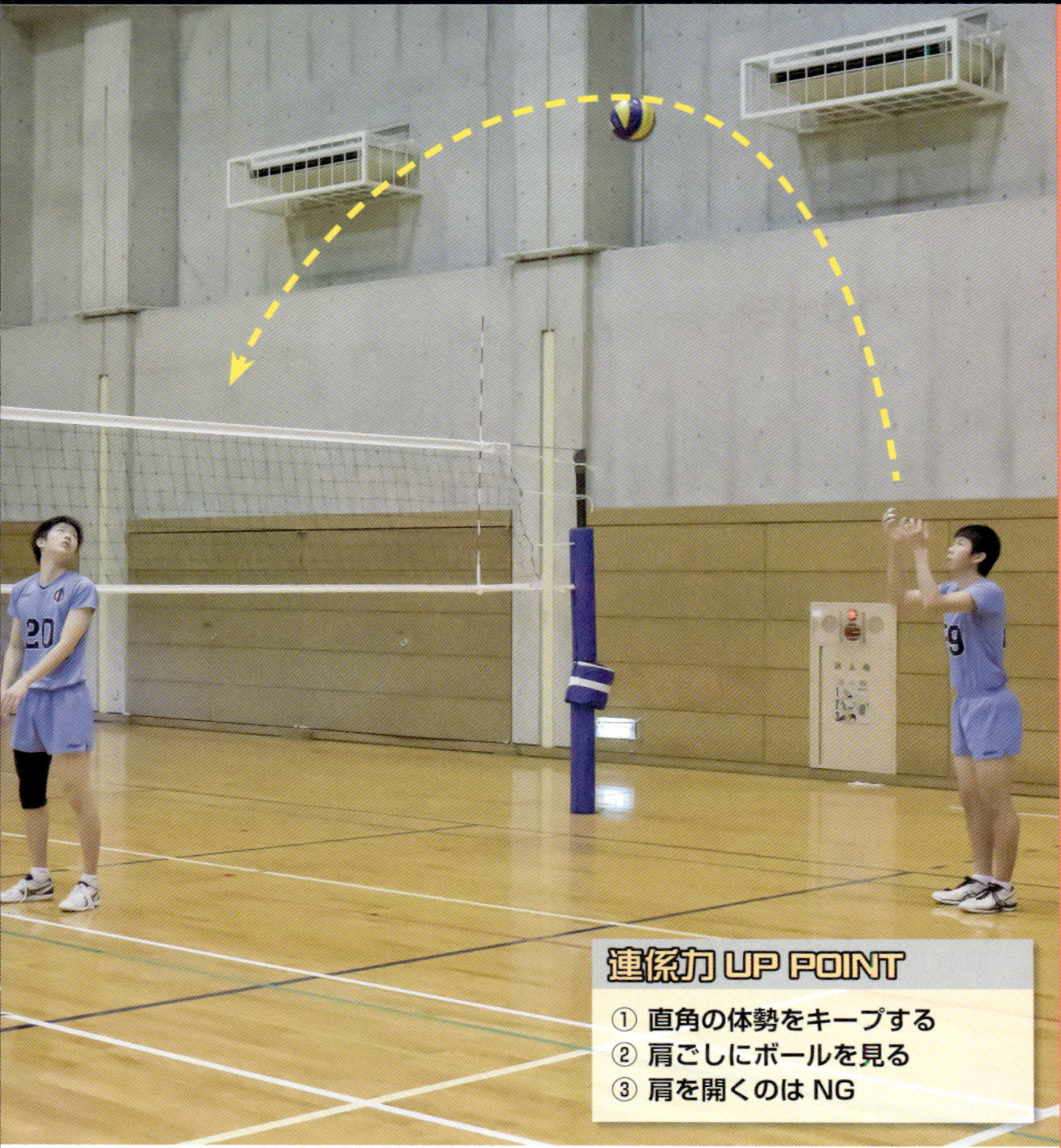

連係力 UP POINT

① 直角の体勢をキープする
② 肩ごしにボールを見る
③ 肩を開くのは NG

背後からのボールを正確なトスにつなげられる

体の後方からのボールは、トスアップでミスしやすい。正面側からくるボールと同じように、精密なトスへとつなげられるように練習に取り組もう。

セッターはトスアップのポジションに立ち、球出しがライト側のアタックラインや後方の位置から頭上へとボールを投げる。ボールの軌道を確認し、正確にとらえてレフトへトスアップする。

ポイントは、体の向きを一定にすること。体の正面をレフト側に向けておくことで、後ろからのボールでもフォームを崩すことなくトスアップできる。体勢が乱れると、ボールのコントロール精度が失われるので注意。フォームの基本を、練習を積んで体に覚え込ませよう。

POINT 1 ネットと肩のラインを直角にすることを徹底

トスアップの動作の基本は、ネットに対して肩のラインを直角にすること。これにより動作が安定し、フロントトスもバックトスも正確にコントロールできるようになる。背後からのボールをトスする練習は、この基本を徹底してフォームの安定感を高めることが目的。

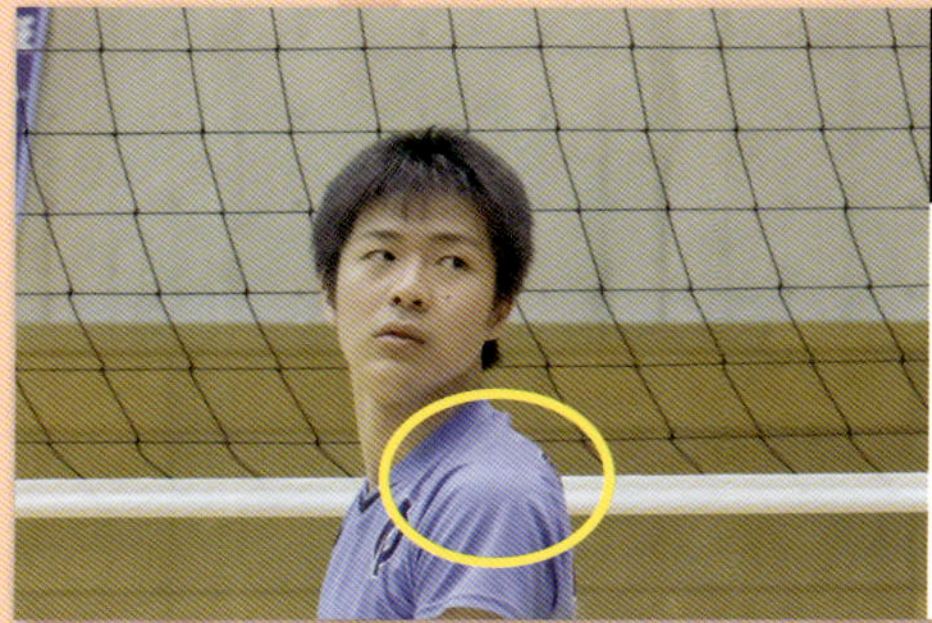

POINT 2 ボールの軌道を肩ごしに確認

ネットと肩のラインを直角にしたまま体勢を固定し、球出しからのボールの軌道の確認は首を使って行う。首を回して、肩ごしにナナメ後ろの球出しを見る。軌道を目で追う際にも体勢が乱れないように注意し、首から上の動作でボールを目でとらえる。

POINT 3 肩を開いてしまうとトスの精度が落ちる

まだ技術が身についていないセッターは、背後からのボールに対して体を開いて待ち構えてしまう。ボールの落下に合わせて、体勢をレフト方向へ回転させる動作は複雑でミスしやすい。失敗するリスクを軽減するために、正しいフォームを体に覚え込ませよう。

プラス1 セッターテク

球出しはサーブレシーブをイメージしてボールを投げる

球出しは実戦を想定し、ライト側に来た相手のサーブを味方レシーバーがセッターへ正確に上げた状況をイメージする。セッターのナナメ後方から、ふわりとした軌道のゆるいボールを頭上へ投げよう。より試合に近い状況を作ることが練習の効果アップにつながる。

コツ41

三角形を作って取り組むトス練習

トスの高さを一定にする

連係力 UP POINT

① ボールの軌道で三角形を描く
② 基本の動作を徹底する

スパイクを打ちやすい 同じ高さのトスアップができる

トスは攻撃の種類ごと、チームで高さを統一することがセオリーだ。スパイカーが合わせやすくなり、スムーズに攻撃できるようになる。トスの高さを一定にする練習法に、三角形トスがある。**トスアップポジションに立つセッターを囲むように、レフトとライト、コート中央にプレーヤーが入り、連続してトスを上げる。**同じテンポで多方向にトスアップすることで、トスアップの感触を一定にして安定感を高められる。

練習する際には、スパイカーをイメージすることが大切だ。打ちやすいトスを意識して、上げたボールがどのような軌道を描いたか、1本1本確認する。雑にならないように、集中力をキープして三角形トスに取り組もう。

POINT 1 ボールで三角形を描いて繰り返しトスアップ

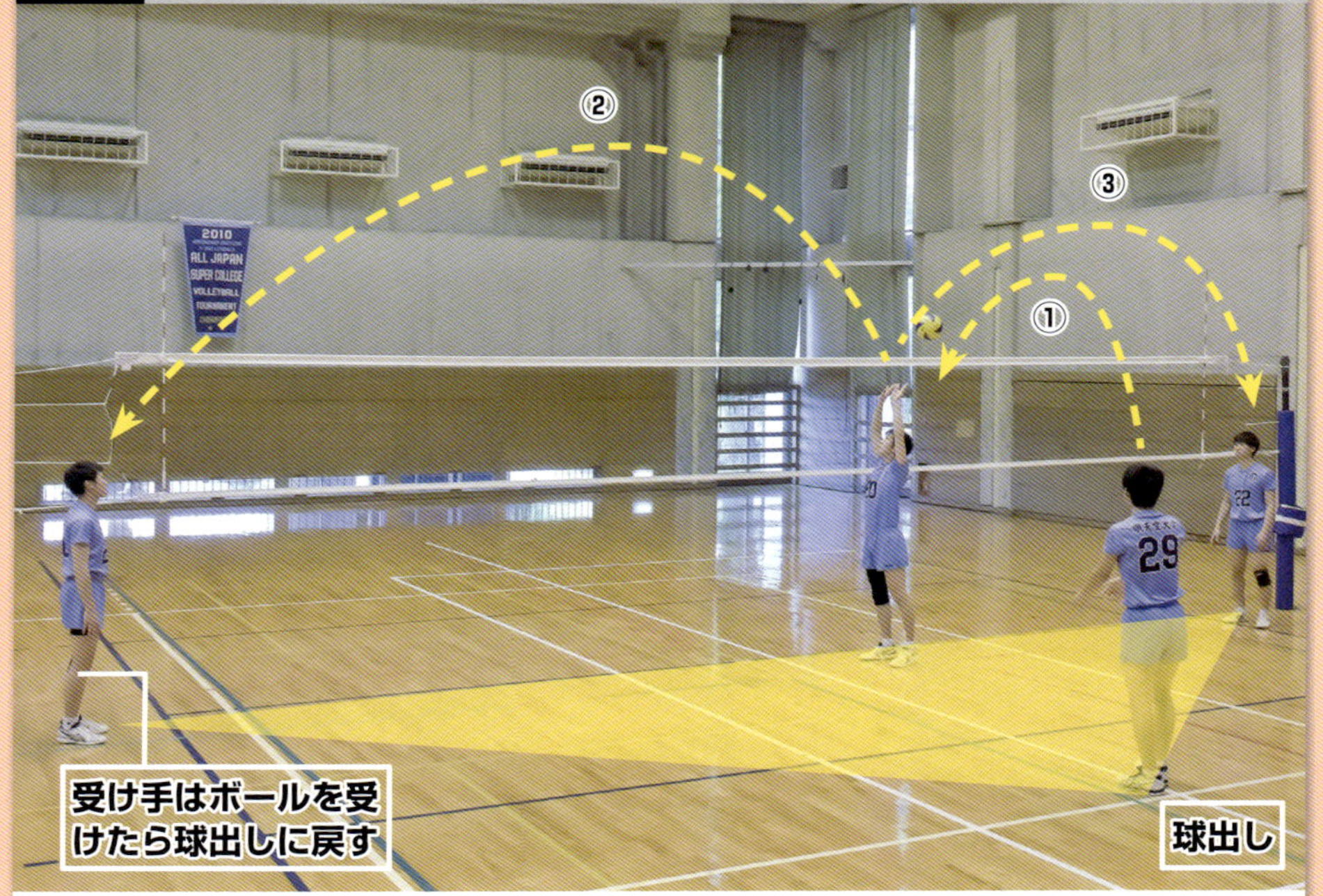
②
③
①
受け手はボールを受けたら球出しに戻す
球出し

セッターはネット中央のトスアップのポジションに入り、トスの受け手がレフトとライトにそれぞれ、アンテナのやや外側に立つ。コート中央に球出しが立ち、セッターを3人で囲むような形となる。①球出しがセッターにボールを投げて、練習をスタートさせる。②セッターはレフトへトスし、レフトの受け手はそのボールをオーバーハンドパスで球出しに返す。③そのボールを球出しが同じくオーバーハンドパスでセッターにつなぎ、セッターがライトへトスする。受け手は同じように球出しにボールを返し、球出しがセッターへパスする。ボールの軌道で三角形を描きながら、繰り返しトスアップする。

POINT 2 バックトスでは内側から回る

ライトへのトスをバックトスで上げたら、セオリー通り内側から回って視野を動かす。試合でトスの軌道やプレーの行方、ブロックの動きを確認するための動作だが、練習から徹底して行うことで体に覚え込ませることができる。アゴを上げてしまわないように注意する。

コツ42

身体支配能力トレーニングでスピードアップ

体を自在に操作する能力を磨く

連係力 UP POINT

① フィジカルもセッターに必要な要素
② スピードアップを目指す
③ 目標を決めて取り組む

プレーのスピード・パワーを高めることができる

ボールに触れる機会が多く、チームの要となるセッターはフィジカル面でも優れた能力が求められるポジションだ。技術や戦術と並行して、体を自在に動かしてパフォーマンスを発揮するための「身体支配能力」を鍛えよう。トレーニングに取り組む上で、意識すべきはスピードアップ。**動作の速度を高めることで、プレー全体の精度が向上する。筋力が身につけば、パワーも合わせて高められる。**

目標数値を決めて取り組むことが、効果的なトレーニングをするポイント。フィジカル面の向上に合わせて数値を上げていけば、着実にレベルアップできる。なお、ハードなトレーニングの前後には、ストレッチで体をほぐして十分にケアする。

POINT 1 正面向きのままライン間を往復する前後走

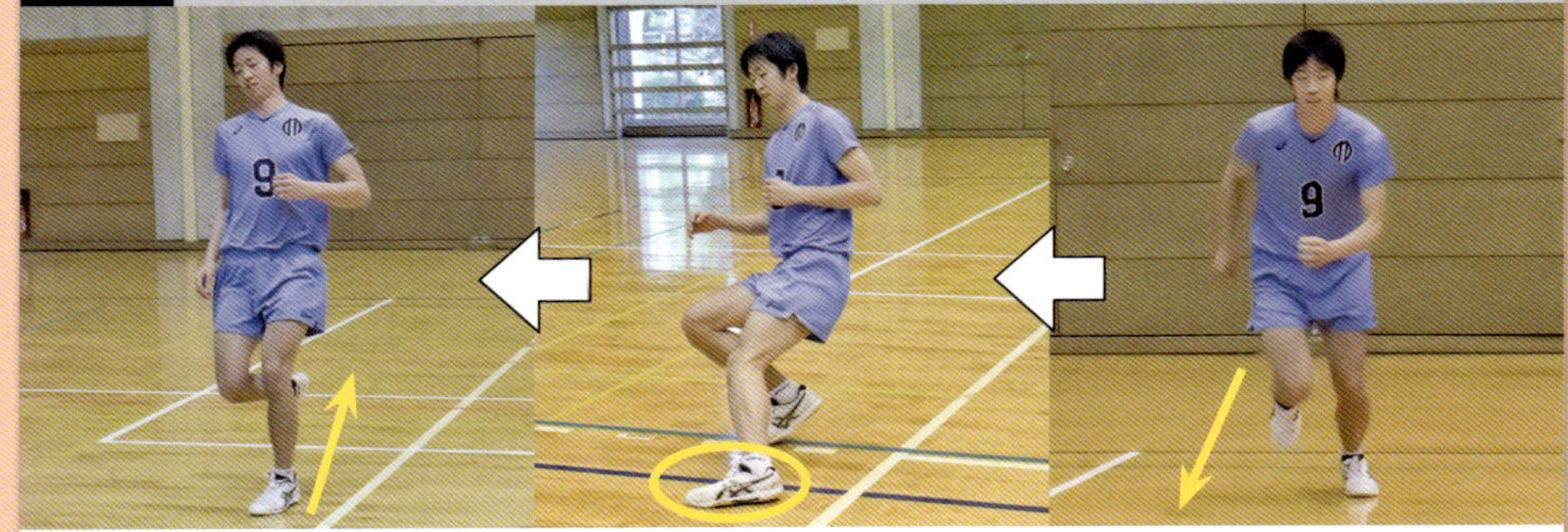

　一方のサイドラインからダッシュし、一方の足を踏み込んで逆のサイドラインをまたぐ。後ろ向きで元の位置へ戻り、同様にダッシュ。次は逆の足でラインをまたぐ。左右交互にラインをまたぐ動作を 20 秒間繰り返す。前後走の目標数値は中学高学年は 4 往復半、高校生は 5 往復、大学生以上は 5 往復半が目安。下半身を強化してスピードアップをはかるトレーニングで、左右交互に踏み込むことで逆足の精度も向上する。

またぐ際には体をやや横向きにし、ラインを越える位置にしっかり踏み込む。
逆

POINT 2 横向きでライン間を往復するサイド走

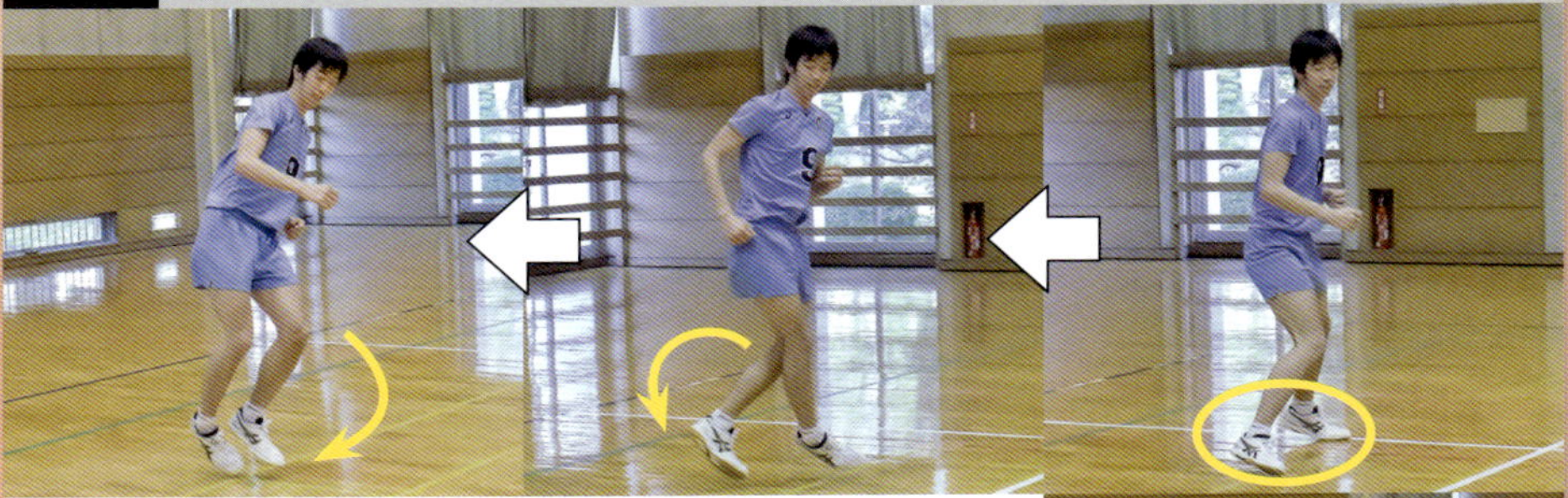

　横向きの体勢でライン間を往復するトレーニングをサイド走という。進む際には、まず進み足を横にステップし、後ろ足をその後ろから進行方向に踏み込む。再び進み足を横にステップし、次は後ろ足を前から交差させて踏み込む。この動作を繰り返し、ラインをまたぎながらライン間を往復する。肩を回さないように注意し、ラインをまたぐ際にはやや後方に踏み込むことがポイント。

POINT 3 レシーブの構えで反復横跳び

下半身を強化するトレーニングとして、効果的な方法のひとつに反復横跳びがある。下肢の筋肉を全体的に鍛えることができる。

取り組む際には、実戦を想定した動作でトレーニングすることがポイントだ。まず足幅をやや開いてヒザを曲げ、体の正面で両手を揃えてレシーブの構えをとる。その体勢のまま、サイドステップで左右に往復する。

このとき、半円を描くように動作する。30秒間を全力で行い、5～10セットほど繰り返せると良い。

POINT 4 20秒の間に連続で上体起こし

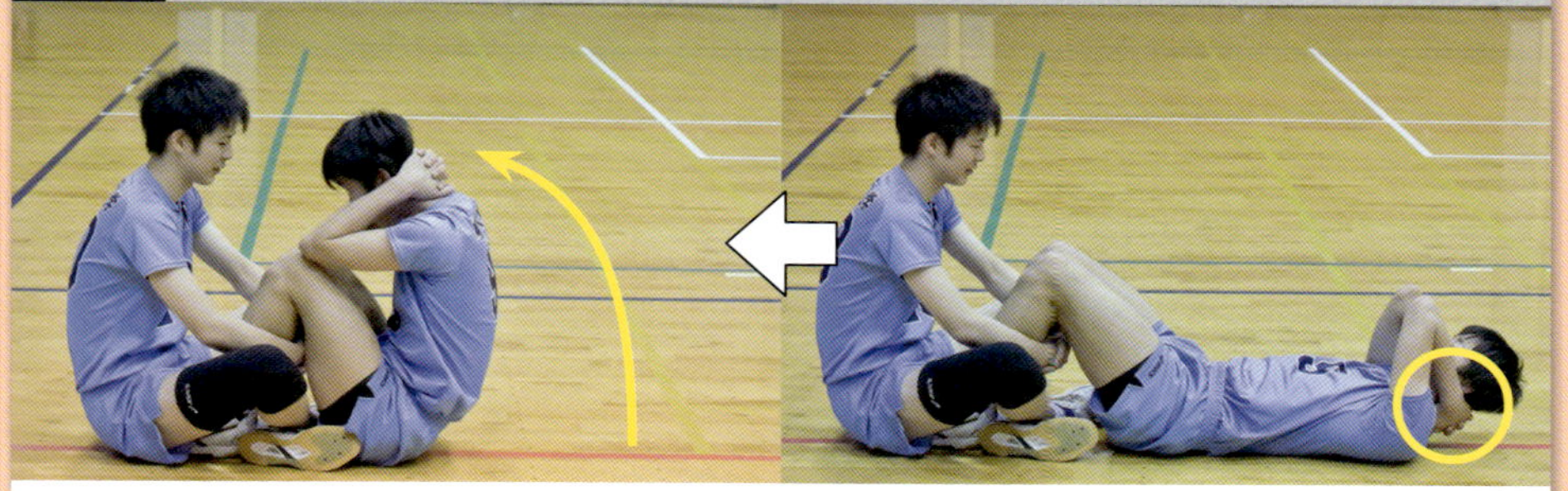

仰向けの姿勢で、両手を後頭部で組む。両足は揃えてヒザを曲げ、その足を補助役に固定してもらう。床に背中をつけた状態から、「スタート」の合図で上体起こしを20秒間連続で行う。ヒジでヒザをタッチできるところまで上体を起こすことがポイントで、30回を目標にして取り組む。

腹部の筋肉を鍛える効果があり、全ての動作の基となる「体幹」部が強化されることでパフォーマンスの向上が見込める。

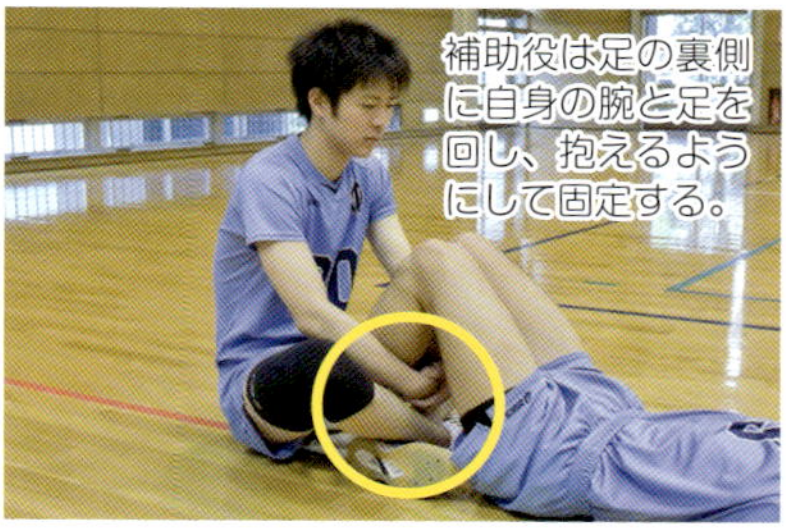

補助役は足の裏側に自身の腕と足を回し、抱えるようにして固定する。

POINT 5 腕の力で体を浮かせる腕立て伏せ

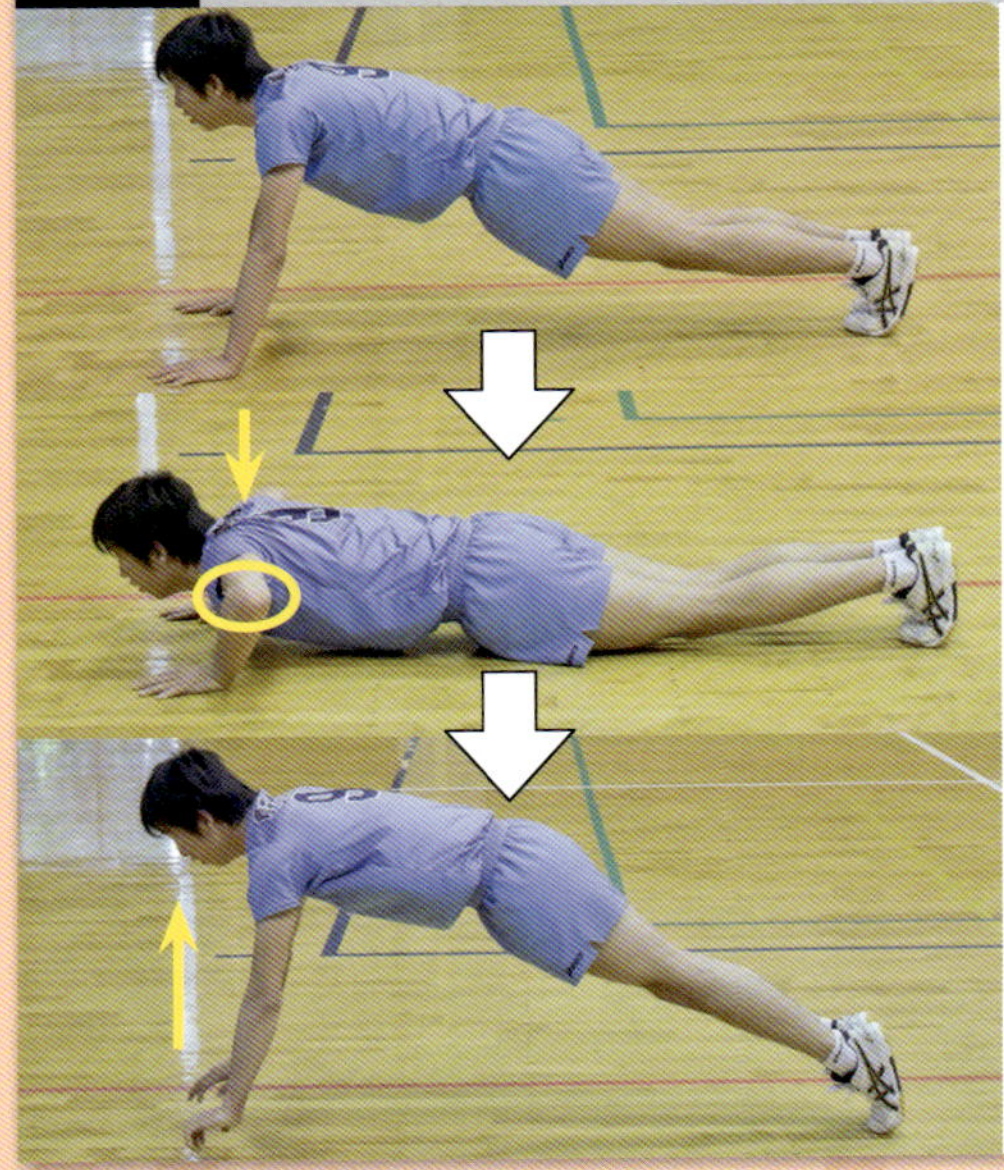

両手と両足のツマ先を床につけて体を支える。手は肩幅よりやや広めに、両足を揃える。体を一直線に伸ばし、目線を前に向ける体勢をとる。両ヒジを外側に曲げて体を沈み込ませ、タイミングを合わせて力強く腕を伸ばす。手でジャンプするイメージで、両手を床から離し胴体を浮かせる。

腕立て伏せジャンプに取り組むことで、胸や背中など体幹の筋肉を全体的に鍛えられる。10 × 3 セットが目標数値。

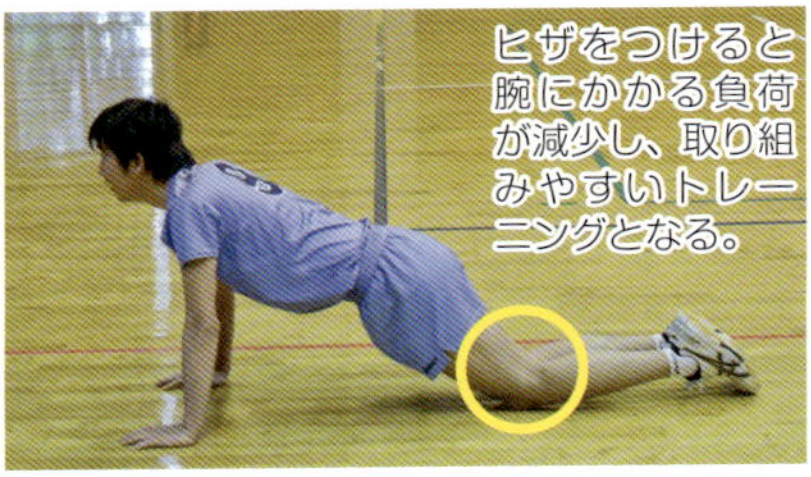
ヒザをつけると
腕にかかる負荷
が減少し、取り組
みやすいトレー
ニングとなる。

POINT 6 指の力を鍛える腕立て伏せ

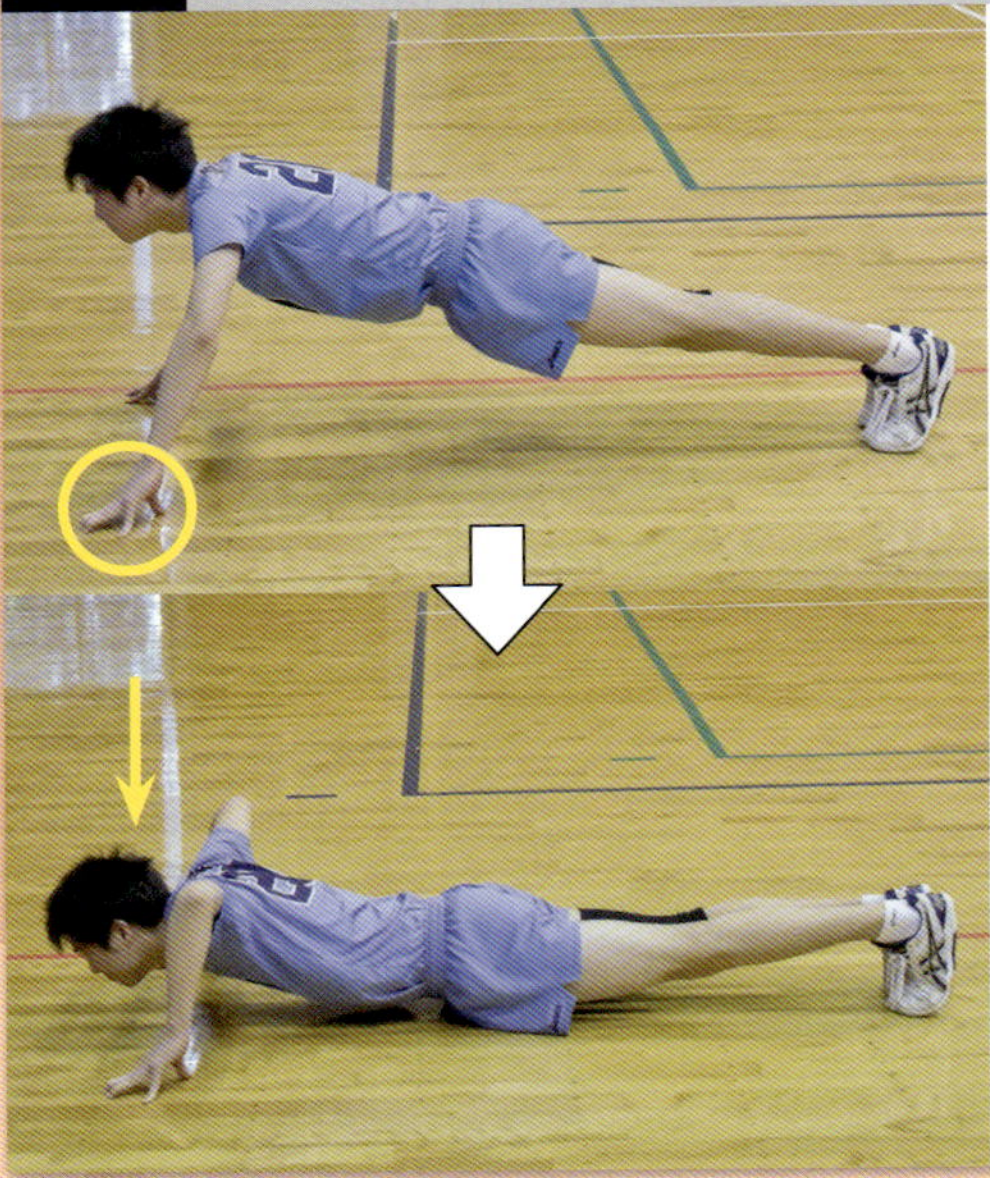

トスアップの動作でボールにタッチする指は、セッターにとって最重要といえる。負担がかかる部位なので、トレーニングで鍛えておくべき。両手と両足のツマ先で体を支え、両足を揃えて体を一直線に伸ばす。床には指先のみをつけ、その姿勢を崩さずにヒジを外側に曲げて体を沈み込ませる。

ゆっくりと体を上下させ、10 × 3 セットを目標に取り組む。指立て伏せによって、体幹と指の力を強化できる。

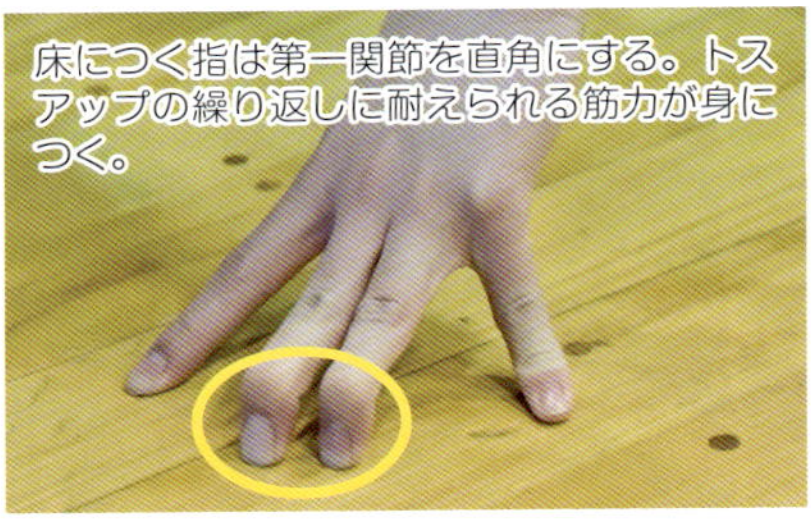
床につく指は第一関節を直角にする。トス
アップの繰り返しに耐えられる筋力が身に
つく。

コツ43

プレーを調整する能力を身につける

身体支配能力トレーニングで運動神経アップ

連係力 UP POINT

① 運動神経を磨いて調整能力を得る
② マット運動が有効なトレーニング
③ 安全性を確保して取り組む

動作の細部まで 精度を高めることができる

スピーディに試合が展開するバレーボールでは、状況に合わせて素早く正確にプレーする動作の〝調整能力〟が求められる。この能力は運動神経を磨くことで高められ、トレーニングとしてはマット運動が有効だ。全身を使って回転や倒立などを行うことで、バランス感覚や体のコントロール性が身につき、咄嗟の場面でも最適な動作を行えるようになる。

取り組む運動としては進出前転、ローリング、倒立前転、後転倒立、側転が基本。これらを難なく行えるようになったら、ヘッドスプリングとハンドスプリングにもトライしよう。大きく複雑な動作は危険をともなうので、安全性を確保してトレーニングをすることが大切だ。

POINT 1 立位姿勢から前に回転する進出前転

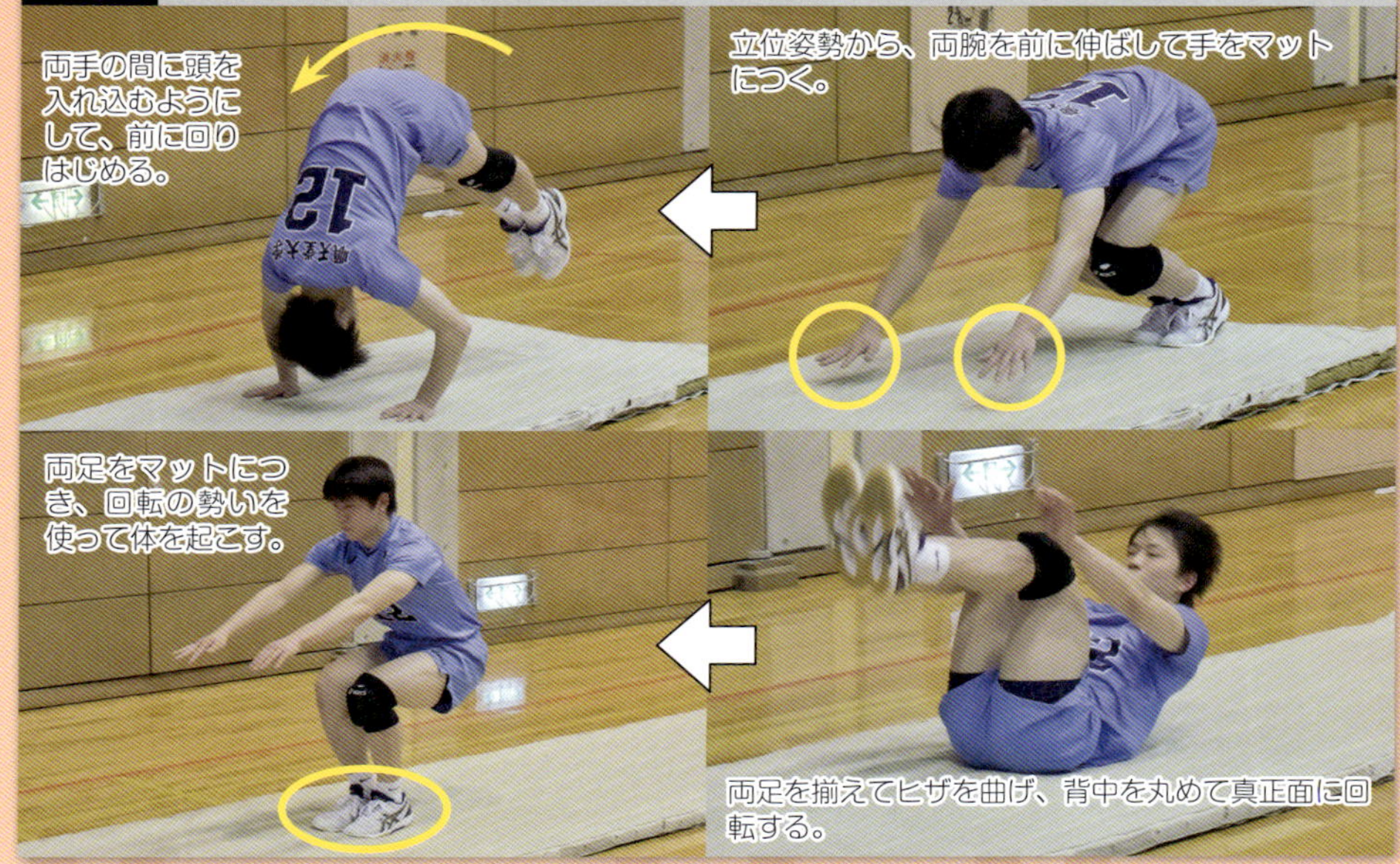
立位姿勢から、両腕を前に伸ばして手をマットにつく。
両手の間に頭を入れ込むようにして、前に回りはじめる。
両足を揃えてヒザを曲げ、背中を丸めて真正面に回転する。
両足をマットにつき、回転の勢いを使って体を起こす。

POINT 2 体を反らせて進むローリング

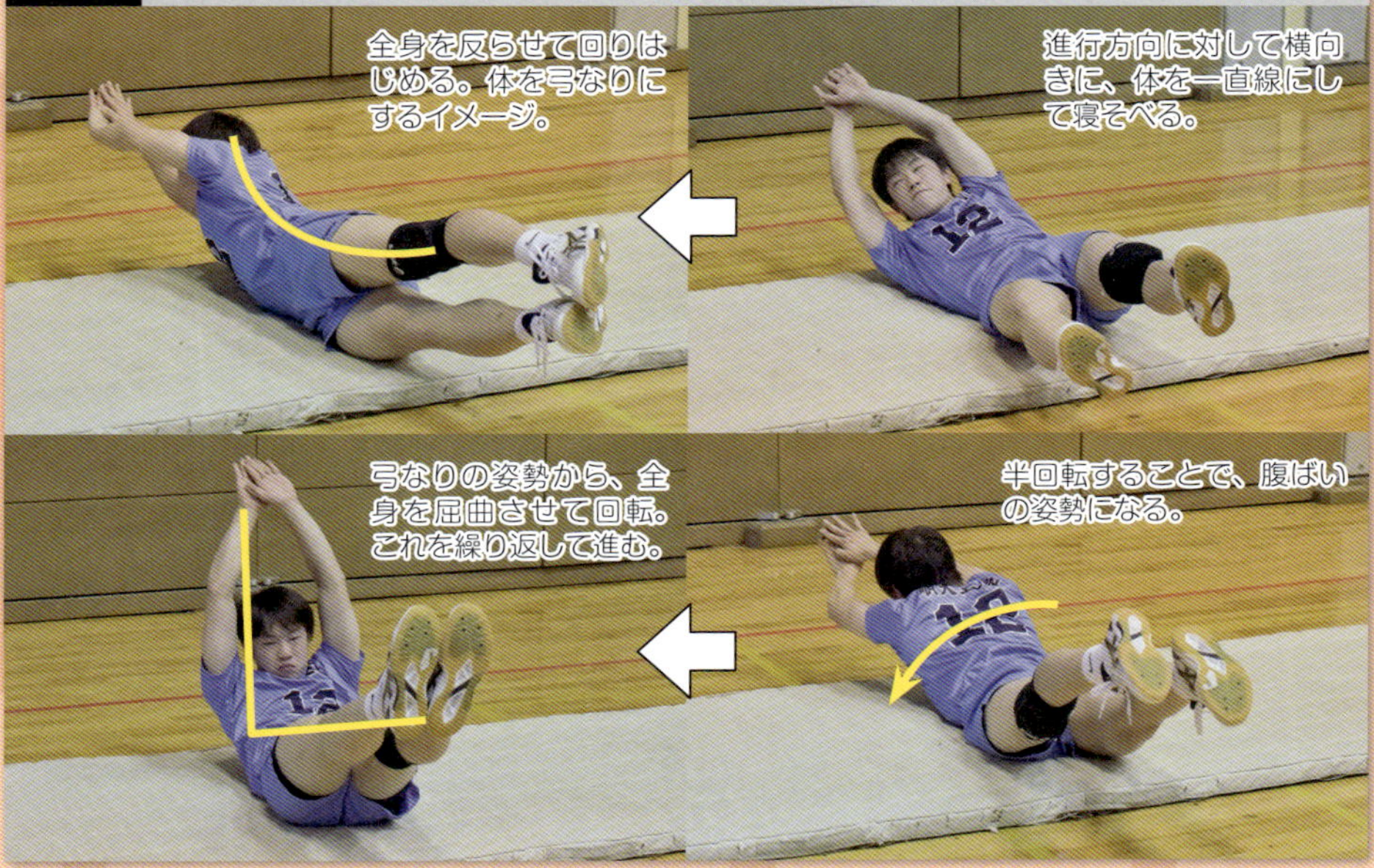
進行方向に対して横向きに、体を一直線にして寝そべる。
全身を反らせて回りはじめる。体を弓なりにするイメージ。
半回転することで、腹ばいの姿勢になる。
弓なりの姿勢から、全身を屈曲させて回転。これを繰り返して進む。

POINT 3 倒立して前に回る倒立前転

立位姿勢から、両腕を前に伸ばして手をマットにつく。

両手で体を支えて両足を持ち上げ、倒立の姿勢をとる。

肩、背中、尻の順でスムーズにマットにつき、前転する。

両足をマットにつき、回転の勢いを使って体を起こす。

POINT 4 回転の勢いで倒立する後転倒立

進行方向に後ろ向きで立ち、ヒザを曲げて後ろに倒れる。

肩がマットについたところで、両手をそれぞれ頭の横あたりにつく。

回転の勢いに合わせて伸び上がり、倒立の姿勢をとる。

両足をマットにつき、上体を起こして立位姿勢に戻る。

POINT 5 横向きに回転して進む側転

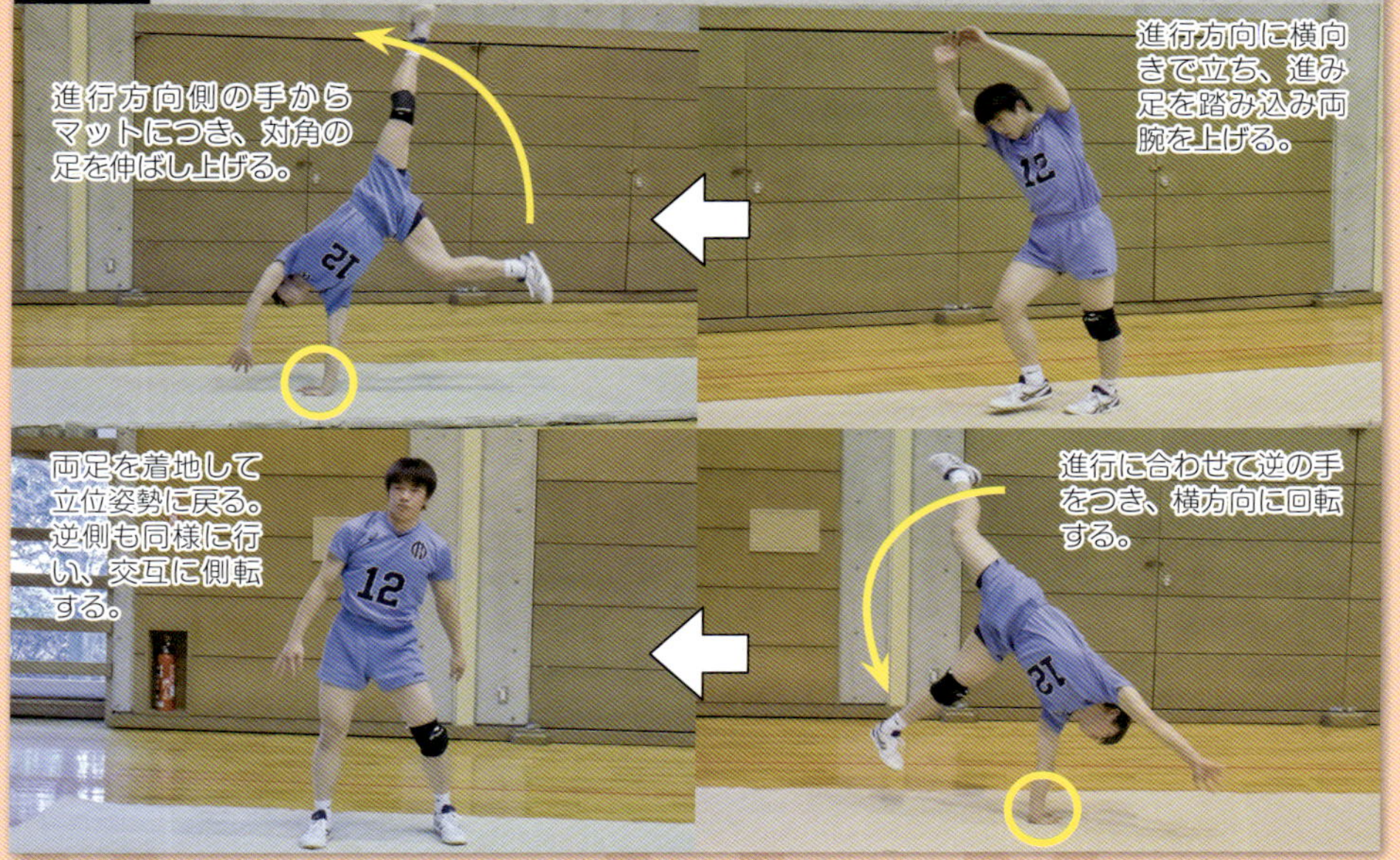
進行方向に横向きで立ち、進み足を踏み込み両腕を上げる。
進行方向側の手からマットにつき、対角の足を伸ばし上げる。
進行に合わせて逆の手をつき、横方向に回転する。
両足を着地して立位姿勢に戻る。逆側も同様に行い、交互に側転する。

POINT 6 三点倒立から体を起こすヘッドスプリング

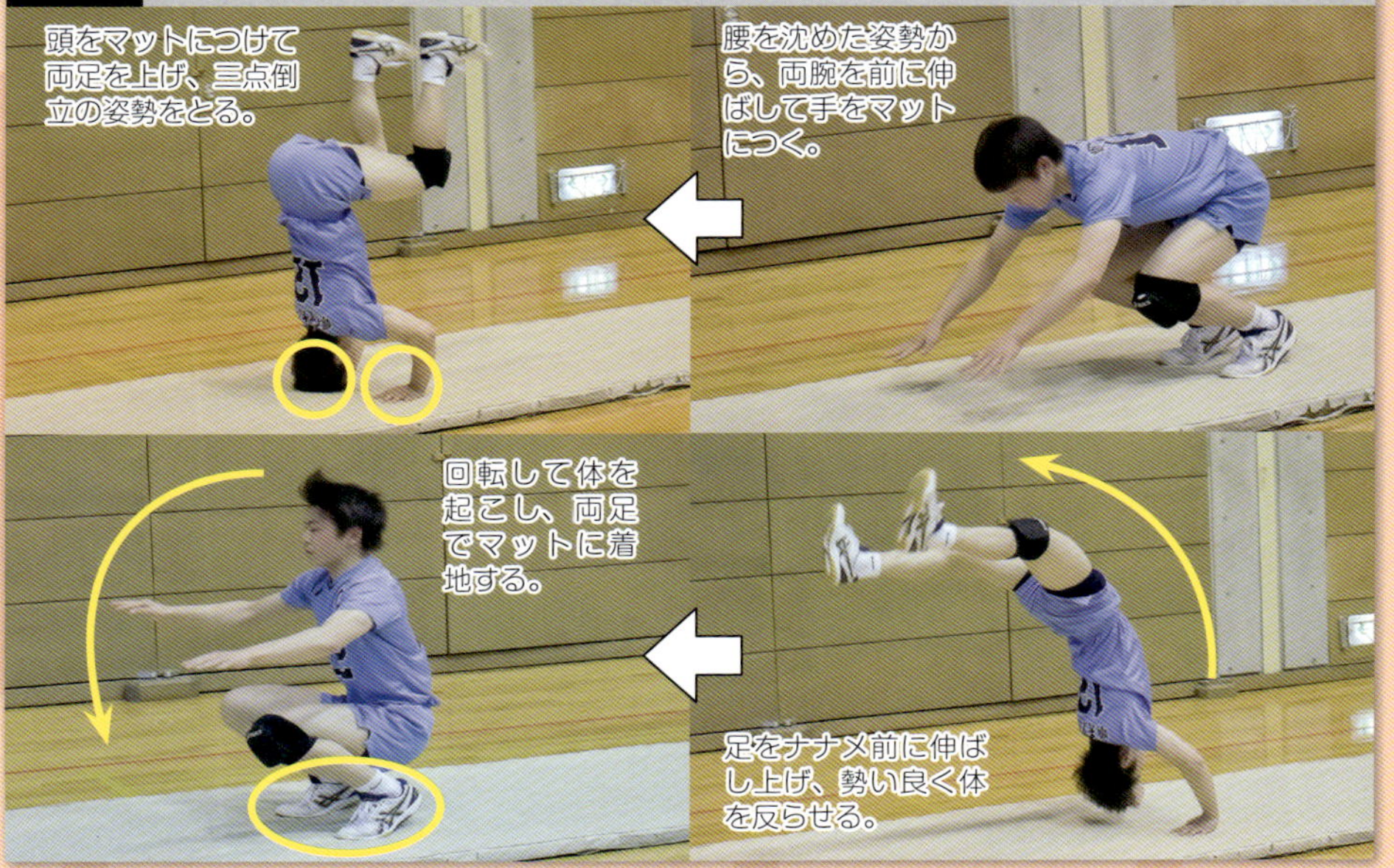
腰を沈めた姿勢から、両腕を前に伸ばして手をマットにつく。
頭をマットにつけて両足を上げ、三点倒立の姿勢をとる。
足をナナメ前に伸ばし上げ、勢い良く体を反らせる。
回転して体を起こし、両足でマットに着地する。

POINT 7

勢いをつけて倒立して回るハンドスプリング

立位姿勢から、片足を踏み込んで勢いをつける。
両手をマットにつけ、片足ずつタイミング良く持ち上げて倒立する。
勢いを落とさず腕でマットを押し、体を反らせて回転する。
両足で着地し、体を起こして立位姿勢に戻る。

プラス1 セッターテク

着地でヒザを深く曲げすぎないように注意

　ハンドスプリングでキレイに起き上がるためには、ヒザを曲げすぎないことがポイントだ。深く曲げてしまうと、体勢が後傾して起き上がりづらくなる。回転の勢いでそのまま立位姿勢に戻れるように、ヒザを伸ばす意識で動作しよう。

　しかしまっすぐにすると関節に負担がかかるおそれがあるので、クッションの役割を果たせるように柔軟性は持たせる。ハンドスプリングは難しい運動なので、無理のない範囲で取り組もう。正しく動作できると、セッターに要求される体を自在に操る身体支配能力が向上したといえる。

PART5
思考能力・戦術を高める

コツ 44

セッターに必要な思考能力

試合の流れを読んで試合を優位に進める

連係力 UP POINT

① 勢いは攻撃的姿勢から生まれる
② 流れをつかむチャンスを逃さない
③ 押されている場面も強気で攻める

チームに勢いをつけるための思考能力が身につく

チームのゲームメーカーであるセッターには、全体を見渡して展開を考える思考能力が求められる。トスワークをする上では試合の流れを読むことが大切で、流れがどちらのチームにあるのかを把握できれば、その状況に適した攻撃をしかけられる。また、流れをつかんで自分たちの勢いを継続できるようにチームを導くことも、セッターに課せられる役割の一つだ。

試合の流れやチームの勢いは、攻撃的な姿勢でプレーしているときに生まれる。メンタルが前のめりならばサーブがネットにかかっても相手コートに落ちたり、セオリー通りの攻撃で得点できるなど、点を呼び込むことができる。反対に押されている試合展開で思考が守備的になると、攻撃の成功率が低下する傾向がある。

POINT 1 攻撃的な姿勢がチームに勢いを生む

勢いをつけるためには、攻撃的にプレーすることが大切だ。「決めてやる」というメンタルで攻撃をしかければ成功率が高まり、たとえミスになったとしても、思い切りの良いプレーであればマイナス思考に陥らない。トスワークや雰囲気作りでチームを攻撃的に導こう。

POINT 2 長いラリーを制した場面は流れをつかむチャンス

攻撃と守備を何度も繰り返す長いラリーは、体力はもちろんミスできないプレッシャーからメンタル的にもハード。それだけにロングラリーを制して得点できると、自チームに勢いがつき、相手チームの戦意を削りとれるため、試合の流れをつかむ大きなチャンスとなる。

POINT 3 流れをつかめていない場面は攻撃力の高い方法で崩す

試合の流れを相手チームに握られている場面では、流れをこちらにとり戻すために攻撃力の高い方法で攻めるのがセオリー。多くのオトリを動員してエーススパイカーに打たせるなど、多少強引だったりスタミナを消費する攻撃でも、相手の流れを断ち切ることが大切。

プラス1 セッターテク

流れをつかんでいる時間帯は攻撃が決まりやすい傾向

チームに勢いがあると、オーソドックスな攻撃でも成功しやすい。気持ちの乗った攻撃となり、相手を崩すことができるのだ。その場面で複雑な攻撃をしかけてチーム内のミスなどで失点すると、せっかくの流れを逃してしまうので、勢いを継続する意識でトスアップすると良い。

コツ
45

ゲームメイクにつながる思考能力の強化

「書く」「話す」で考えをまとめる力を養う

連係力 UP POINT

① ノートを作って習慣的に書く
② スピーチで意見を伝える能力を得る
③ 本を読んで思考を深める

思考とコミュニケーションの能力が身につく

試合の流れをつかんで有効なゲームメイクをするためには、相手チームの情報収集と分析、自チームの長所・短所、各プレーヤーのコンディション把握など、さまざまな要素を整理して多角的に思考できなければならない。試合でいきなり実践することは難しいので、日頃から思考のトレーニングをすることが大切だ。

思考能力の強化に効果的なのは、「書く」と「話す」ことだ。作文やスピーチで自分の意見を言葉にすることで、考えをまとめる能力が身につく。加えて、コミュニケーション能力の強化にもつながる。伝達はチームスポーツになくてはならない要素であり、司令塔であるセッターは特に高い能力を持っている必要がある。

POINT 1 バレーボールノートを作って文章を書く

思考能力強化の第一歩として、バレーボールノートを作ろう。練習や試合後に、プレーを通して感じたこと、自分の課題などを書く習慣をつければ、考えを整理する能力が養える。指導者にテーマを提示してもらい、その事柄について作文するのも有効な方法。

POINT 2 3分間スピーチで意見を発表する

提示されたテーマに対して、選ばれたメンバーが調べて3分間にまとめてスピーチするのが3分間スピーチ。考えをまとめる能力に加え、伝達の能力も養える。テーマは指導者やチームリーダー（キャプテン）が決定し、ミーティングなどの時間を使って行うと良い。

POINT 3 読書を通して思考能力を深める

本を読むと自分の考えを深めることができ、読解力も身につく。バレーボールにつながる本なら直接的に有益な情報を得られるが、関係のない内容の本であっても、読書を習慣づけることによって思考能力の強化につながる。

プラス1 セッターテク

指導者やOBの考えや意見を参考にする

コーチや監督といった指導者、OBプレーヤーなどから話を聞ける機会は貴重だ。豊富な経験は、セッターとしてプレーする上で活きる情報となる。話の内容に耳を傾けて頭のなかで整理し、知りたいことがあれば踏み込んで質問しよう。

コツ46

勝利につながる状況判断の戦術

相手ブロックを見て攻撃を選択する

連係力 UP POINT

① 敵味方の高さを確認
② ブロックシステムを把握
③ 壁に割れを作るトス

ブロックとサーブに合わせたトスワークができる

セッターは試合中、常に相手ブロックをチェックして状況判断する。ブロックは攻撃の成功率を左右する大きな要素であり、壁の突破を目指すことがトスワークのセオリーであるため、相手コートまで視野を広げることが大切なのだ。

チェックする内容としては、各ブロッカーの高さ、ブロッカー陣が敷くブロックシステム、トスに対する相手ブロッカーの反応及び複数枚ブロックに生じる隙間がある。これらの要素を複合的に思考し、最適なトスを上げる。

さらに、相手のサーブにも注目する。サーブレシーブの精度はトスの良し悪しに大きく関わるので、強烈なサーバーを相手にする場面では、レシーブが乱れることを見越して攻撃方法を考えておく必要がある。

POINT 1 スパイカーの打点とブロッカーの高さを考える

ローテーションごとの味方スパイカーと相手ブロッカーの、マッチアップを確認しておく。味方に高さがあり、相手が低ければブロックの上から叩くことができるのでオーソドックスな攻撃で攻められる。反対のパターンでは、速い攻撃で相手をかく乱する必要がある。

POINT 2 ブロックシステムによってトスワークを判断する

ブロックにはスパイカーに合わせて跳ぶ「コミット」、あらかじめ跳ぶ位置を決めて対応する「リード」を中心にさまざまな種類があり、それぞれが異なる特徴を持っている。相手ブロッカーの敷くブロックシステムをいち早く把握し、狙いの逆をつくトスを上げる。

POINT 3 ブロックに割れが生じるトスを狙う

ブロックの壁に隙間が生まれると、スパイカーは狙い打つことができる。セッターはトスワークで隙間を作り出すことを目指し、速い攻撃をしかける。相手がかろうじて複数ブロックを作れるものの、反応が遅れて隙間ができる速度のトスを上げられることが理想だ。

プラス1 セッターテク

相手のサーブを見て攻撃パターンを変更

強烈なジャンピングドライブサーブを持つサーバーに対しては、サーブレシーブが高確率で乱れるためAクイックなど細かい攻撃が難しい。センタープレーヤーの攻撃をBクイックに切り替えるなど、サーブによって攻撃パターンを判断することが大切だ。

コツ
47

相手チームを観察し勝負どころを見極める

相手の逆をつく駆け引きの戦術

連係力 UP POINT

① 相手の情報を集める
② 戦術変更を察知する
③ 多くのバリエーションを使う

狙い通りのプレーをさせない駆け引きが身につく

相手チームの狙いを見極めることが、勝負を優位に進める重要なポイント。その駆け引きをする上で、まず基本になるのは相手の情報だ。学生であれば、チームの歴史は大きな要素となる。歴史のあるチームは「エース主体」「守備重視」「クイック多用」など戦術に傾向が出てくるもので、事前に把握することで戦いやすくなる。また試合中の相手の戦術変更に対しても、その逆をつけば試合の流れをつかめる。相手プレーヤーの動きの変化や、相手監督から飛ぶ指示の声などから察知できる。

自チームのコンディションなどを見て、ラッキープレーヤーを見つけることも大切。エーススパイカーを絞らせないトスワークをすれば、勝負どころでエースの強力な一発を打ち込める。

POINT 1 事前の情報収集で駆け引きの下準備

駆け引きをするためには、相手チームの長所と短所を知っておく必要がある。得意とする攻撃やブロックシステムなど、名門校なら伝統的に使っている戦術がある場合もある。あらかじめ相手の狙いがわかっていれば、長所を消して弱点をつくことができる。

POINT 2 戦術変更を察知し狙いの逆をつく

相手の戦術変更を察知して、逆をつくのも駆け引きのひとつ。たとえば、それまでリードだったブロックが味方センタープレーヤーにコミットしてきたら、「クイックをとめたい」という相手の意図がわかるので、レフトやライトを使って相手ブロッカーの裏をつく。

POINT 3 さまざまなパターンを使い相手に的を絞らせない

駆け引きで優位に立つためには、多くの攻撃パターンを用いて相手ブロッカーに的を絞らせないことが大切。エーススパイカーに頼りすぎたり、似たテンポの攻撃に偏ったトスワークではすぐに対応されてしまう。ローテーションごとにパターンをがらりと変えられるのが理想。

プラス1 セッターテク

味方とコミュニケーションをとりコンディションを確認

相手チームはもちろん、自チームにも目を向けてコンディションをチェックする。家族が応援に来ている、私生活が充実している、などの要因で調子を上げるプレーヤーもいるので、チームメイトとよくコミュニケーションをとってトスワークの参考にしよう。

コツ48

データを用いてゲームメイクする

戦術の軸となる情報収集

連係力 UP POINT

① 現代バレーボールでは情報がカギ
② 情報を活かしてゲームメイク
③ データをとられていることを意識

情報を使ってトスワークができる

現代のバレーボールでは、情報収集が勝敗を左右する重要なポイントになっている。試合分析専用ソフト「データバレー」を中心に、映像撮影やローテーション表作成によって細かな数値を出す方法が一般的だ。チームよっては専門の役職としてアナリストを設け、試合の前後はもちろん、戦っている最中もリアルタイムで情報を集めている。

　司令塔としてチームを導くセッターは収集した情報を活用し、より得点の可能性の高いプレーを選択する。また自チームのデータが相手チームに採取されていることを前提にしたゲームメイクも求められる。全ての攻撃パターンを記録されてしまうので、多くのバリエーションで攻められる技術と、全パターンを記憶する頭脳が必要。

コツ49

攻撃方法を決めるサインプレー

スパイカーのサインを見てトスアップ

連係力 UP POINT

① サーブの前にサインを交換
② スパイカーのサインを見る
③ ボディサインも方法のひとつ

チーム内でスムーズに意志を伝達できる

サーブの前にセッターと各プレーヤーがサインを交換し、次の攻撃を決める。これをサインプレーといい、サインが出された攻撃からセッターが状況に合わせてトスを選択する。サインを出す方法としては、スパイカーが体の後ろに片手を引き、指で出す動作が一般的。セッターが指でサインを出す方法もあるが、一方的な指示ではスパイカーが気持ちを入れて打ち込めないのであまりオススメしない。

「チームリーダーがヒザに手を当てたらAクイック・平行」など、特定の人物の動作をサインとする方法もある。これをボディサインといい、相手にサインを読まれることが極めて少ない。また、ベンチからサインを出すチームもある。

コツ 50

セッター Q&A

疑問を解消してレベルアップする

コート全体まで視野を広げ、状況を冷静に判断しつつトスアップでゲームメイクをするセッターは、やりがいのあるポジションだ。しかし、多くの役割をこなさなくてはならず難易度も高い。技術的にも頭脳的にも高い能力が求められるセッターは、上達するほど壁にぶつかるだろう。ここでは陥りがちな悩みや疑問と、その解消法を紹介している。プレーの参考にして、さらにレベルアップしよう。

Q.1 セッターのシステムにはどのような種類がある？

A 1セッターと2セッターがシステムの基本

コート上に1人のセッターを置くシステムを「1セッター」という。最も基本的で、多くのチームが採用している。

加えて、2人のセッターを置く「2セッター」がある。セッターがそれぞれセッター兼スパイカーとしてプレーし、常に前衛に3枚のスパイカーを置けるメリットがある。一方で、トスアップを統一できないデメリットがあるため、チームの完成に時間を要する。

ローテーションごとに小まめにセッターを変えたり、ワンポイントで2セッターにするなど、ほかにもさまざまなシステムが考えられる。

Q.2 ワンハンドトスで上げるのはAクイックだけ？

A 長いトスもマスターしバリエーションを増やす

レシーブが大きくなって相手コートに返りそうなボールを、片手でトスアップするワンハンドトスのテクニック。ギリギリの状況なので、最も距離が近いAクイックのトスを上げるのがセオリー。

　しかし、ワンハンドトスでAクイックしか上げられないと相手に読まれて、強固なブロックを作られてしまう。レフトに上げる長い距離のワンハンドトスもマスターしよう。力を込めてボールをはじき飛ばせば飛距離が出るので、バリエーションを増やしておこう。

Q.3 3タッチ目はどのように処理するべき？

A 相手セッターにボールを返すのがセオリー

強烈なスパイクを打たれるなどしてレシーブが大きく乱れると、トスアップからスパイクを打つオーソドックスなプレーができないことがある。

　レシーバーが2タッチで何とか残したボールを、セッターが3タッチ目で相手コートに返す場面では、チャンスボールにならないように意識する。

　相手セッターに返すのがセオリーで、1タッチ目をさせることでトスアップを防ぐ効果がある。あえてダイレクトで打てる位置に返し、ダイレクトスパイクをブロッカーにシャットアウトさせる方法もある。

■著者

蔦宗 浩二

順天堂大学男子バレーボール部元監督。同大学卒業後、神奈川県立高校の教員となり、着任した釜利谷高校のバレーボール部では全国大会優勝6回（国体含む）の実績を残す。その後、順天堂大学男子バレーボール部監督に就任。2009年に全日本大学男子バレーボール大会（インカレ）準優勝、2010年優勝など高い指導力でチームを導く。藤井 直伸（東レアローズ）、今村 駿（元堺ブレイザーズ）、山岡 祐也（元FC東京バレーボールチーム）、山田 要平（FC東京バレーボールチーム）など、多くのセッターを輩出している。現在は武相中学・高等学校バレーボール部監督として指導にあたっている。

■モデル

順天堂大学男子バレーボール部

●制作スタッフ

カメラ：柳太

デザイン：都澤昇

編集：株式会社ギグ（長谷川創介）

バレーボール　セッター　上達バイブル
「連係力」を高める実践ポイント50

2025年　3月25日　第1版・第1刷発行

著　者　蔦宗 浩二（つたむね　こうじ）
発行者　株式会社メイツユニバーサルコンテンツ
　　　　代表者　大羽　孝志
　　　　〒102-0093 東京都千代田区平河町一丁目1-8
印　刷　株式会社厚徳社

ご意見・ご感想はホームページから承っております。
ウェブサイト　https://www.mates-publishing.co.jp/

企画担当：堀明研斗

※本書は2021年発行の『「連係力」を極める！バレーボール　セッター　上達のポイント50　新版』を基に、必要な情報の確認と修正を行い、装丁・書名を変更し、新たに発行したものです。

とっておきの聖地巡礼

世界遺産「高野山」

新装版

1200年の祈りの旅

エディッツ 著

Mates Publishing